청소년들의 진로와 직업 탐색을 위한
잡프러포즈 시리즈 12

긍정적이라면

긍정적이라면

중등교사

김선미 지음

POSITIVE POSITIVE
THOUGHT THOUGHT

교사가 지닌 능력의 비밀은
인간을 변모시킬 수 있다는 확신이다.

- 에머슨 Ralph Waldo Emerson -

아버지로부터 생명을 받았으나,
스승으로부터 생명을 보람 있게 하는 것을 배웠다.

- 플루타르코스 Plutarchos -

C·O·N·T·E·N·T·S

C·O·N·T·E·N·T·S

중등교사가 되는 방법

중등교사가 되면

미래가 교사에게 교사가 미래에게

교사가 들려주는 공부 잘하는 방법

사진으로 보는 교사

나도 중등교사

교사 김선미 스토리

교사 김선미의 프러포즈

'자기답게 빛나라'

처음 담임이 되었을 때 교실 칠판 앞에 걸어두었던 '급훈'입니다.
교사가 되기 위한 긴 공부를 하던 중
'왜 교사가 되려고 하는지, 무엇을 가르치려고 하는지'
스스로에게 끊임없이 물었습니다.
학생이 공부를 하고, 교사가 가르치는 이유도
이것 때문이라는 답을 얻었습니다.

pose!

'자기답게 빛나라'

제 인생의 대부분을 학교에서 보내서인지
이제는 꿈에서도 학교가 나옵니다.
길고 따뜻한 햇살이 들어오는 교실,
책 냄새, 분필 냄새, 여기저기 소곤거리는 소리
그리고 맑은 웃음소리

선생님의 지나가는 말 한마디지만
그 칭찬 한마디로 꿈을 정하기도 하고,
어른이 되어서도 사회에서 힘들 때면
가장 먼저 학교 친구에게 연락하지요.
창피하고 무안했던 수업시간의 상처,
슬프고 화나는 학급 친구와의 싸움도
소중한 이야기입니다.

배움은 긴 인생의 여행을 준비 하는 시간
배움은 자신을 찾는 여정

배움은 자신을 발견하는 기쁨
배움은 가장 자기답게 살아가는 힘입니다.
그 길을 학생에게 가르치는 사람이 교사이고
그 길을 자신의 인생에서 가장 먼저 찾아야 하는
사람이 교사일지도 모릅니다.
다른 사람의 길을 밝히기 위해 켠 등불이
가장 먼저 내 발 앞을 밝히듯
교사의 기쁨은 그 곳에 있습니다.

행복해지는 길을 가르치는 교육,
자기답게 빛 날 학생들의 미래를 위해
교사의 길을 함께 가자고
여러분에게 손 내밀어 봅니다.

교사의 꿈을 꾸는 예비교사님들
함께 가요.

– 국어교사 김선미

첫인사

토크쇼 편집자 – 편
김선미 선생님 – 김

편 선생님, 안녕하세요?

김 안녕하세요? 교직에 24년째 몸담고, 고등학교에서 국어를 가르치는 교사 김선미입니다

편 이번 책은 잡프러포즈 중등교사 편입니다. 초등학교 입학을 앞둔 아이가 있어서 학교에 갈 일이 있었어요. 학교 복도를 지나 교실, 교무실을 보면서 웃었습니다. 학창 시절에는 선생님들이 모여 있는 교무실이 너무 싫은 거예요. 교탁도 높아 보이고요. 그런데 어른이 되고 보니 학교야말로 이 세상에서 내게 가장 따뜻한 마음을 건넨 곳이었다는 걸 알게 되었어요.

김 졸업생이 학교에 와서 하는 이야기랑 같은 말씀을 하시네요. 수업시간에 항상 불만을 가지고 선생님들께 반항하던 한 남학생이 있었어요. 너무도 거칠어서 말을 걸기가 무서운 아이였죠. 그런데 졸업 후 학교에 인사를 하러 왔어요. 그 학생을 누구보다 많이 야단치시던 선생님을 찾아뵈러 말이에요. 그 학생이 교무실에 들어와 선생님께 큰절을 올리더라고요. 사회에 나가보니 자신에게 잘되라고 이야기해주는 사람 하나 없었다며, 학교에서 잘되라고 이야기해주신 감사함을 이제야 알았다고 말하면서요. 그 모습을 옆에서 지켜봤는데, 이야기

듣는 저도 뭉클했어요.

편 직업 교사에 대한 여러 정보는 책 본문에서 다루겠습니다. 그에 앞서서 저는 근본적인 질문을 하나 드리고 싶어요. 스승과 제자란 어떤 관계인가? 미디어에서도 이 부분을 많이 다루죠. 영화「죽은 시인의 사회」,「로빙화」,「파파로티」,「굿 월헌팅」,「위플래쉬」, 드라마「대장금」,「허준」 등이 수많은 작품이 있어요. 사제 관계는 인간의 삶에 어떤 의미가 있을까요?

김 교사와 학생이 반드시 스승과 제자의 관계가 되는 건 아니에요. 반대로 학교가 아닌 곳에서도 얼마든지 스승과 제자라는 관계가 만들어질 수 있고요. 몸은 부모님이 낳아주셨지만, 마음 혹은 정신은 스승에게 배워서 탄생한다고 생각합니다. 삶의 중요한 가치 즉 열정, 배려, 정의, 안정, 신념 등은 단순히 책을 통해 알게 되는 게 아니라 누군가의 진실한 실천을 지켜보며 비로소 자신도 실천하게 되는 가치라고 생각합니다. 스승과 제자는 이 세계와 인생의 중요한 가치를 함께 찾아가는 두 사람의 강한 끈인 것 같아요. 저는 지금 학생들을 가르치고 있지만, 저에게도 스승이 있고, 그 스승과 함께 가치를 만들기 위해 노력하고 있습니다.

편 저는 초등학교 2학년 때 가정환경이 불우해서 숙제도 안하고, 학교도 매일 지각하는 어린이였어요. 매일 학교에서 선생님께 지적을 받았고 저와 놀아주는 친구들도 없었죠. 그런데 3학년 때 담임선생님께서 학기 초 어느 날 제게 웃으면서 말씀하셨죠.

"너는 머리가 좋고 부지런한 근성의 특별한 아이야. 훌륭한 사람이 될 거란다." 그 말씀이 진짜 같았어요. 그 이후에 저는 공부도 열심히 하고, 친구들과 사이좋게 지내는 어린이가 되었죠. 선생님의 말투와 표정이 생생해요. 비록 저는 훌륭한 사람이 되진 못했지만(웃음) 선생님의 눈빛이 아직도 제 마음속에 살아 있어요.

김 저도 그런 기억이 있어요. 고등학교 때 논술 모의고사를 보면 자꾸 D 점수를 받는 거예요. F가 글자 수를 채우지 못했을 때 받는 점수인데, 요구하는 글자 수도 다 채우고 논지에도 맞다고 생각이 드는데 연거푸 C나 D의 점수를 받으니 결국 교무실에서 대성통곡을 하고야 말았답니다. 자신감이 바닥의 바닥까지 내려가 있었을 때, 저를 상담해주신 선생님께서 이렇게 말씀해주셨어요. "선미야, 논술 모의고사 채점은 아르바이트생이 하는데, 그 사람도 논술이 뭔지 잘 몰라. 논술 실력이 걱정되면 다시 처음부터 나와 함께 준비해 보자."라고요. 그냥 제 편이 되어서 무조건 지지해주셨던 그 국어 선생님을 잊을 수가 없어요. 왜 D 점수가 나왔겠어요. 글을 못 썼으니까 점수가 안 나왔겠죠. 그런데 선생님은 제 자신감이 무너지는 걸 보신 거죠. 그리고 약해진 제 자신감을 세워 주신 거죠. 지금 생각해도 그때 그 순간 선생님의 지혜가 참 감사하고 멋진 것 같아요.

선생님의 말씀 한 마디가 삶의 방향을 정하는 경우가 종종 있죠. 그 말 한마디에 삶의 의미를 찾기도 하고, 삐뚤어지기도 하는 것 같아요.

편 이 책을 읽는 학생들이 김선미 선생님과의 대화를 통해 '나는 어떤 인생을 살아갈까?' 고민하고, 자신을 둘러싼 수많은 선생님 중에 운명적인 누군가를 자기 인생의 중요한 멘토로 만드는 용기를 가졌으면 좋겠습니다. 물론 시간이 흐르면 여러분이 선생님의 멘토가 되어야 하는 기적 같은 순간도 찾아올 거예요. 그런 멋진 여러분이 교사가 되어 있는 행복한 미래를 상상해 봅니다. 김선미 선생님, 잘 부탁드립니다.

김 네. 저도 살짝 기대되고 설렙니다. 자 시작해 봅시다.

중등교육이란

중등교육이란 무엇인가요

📝 선생님! 교육이 초등교육, 중등교육, 고등교육 이렇게 나누어지나요? 각 교육과정의 특징과 이 책의 주제인 중등교육이란 무엇인지 궁금합니다.

📝 한국의 학제는 초등학교에 다니는 초등교육 6년, 중학교 3년과 고등학교 3년을 다니는 중등교육, 그리고 대학과 대학원 과정의 고등교육으로 나누어져요. 초등학교부터 중학교 교육까지 총 9년의 의무교육이 무상이며, 고등학교 교육은 의무교육은 아니지만 무상으로 제공됩니다.

2022 교육과정을 중심으로 살펴보면 초등학교 교육은 학생의 일상생활과 학습에 필요한 기본 습관 및 기초 능력을 기르고 바른 인성을 함양하는 데 중점을 둬요. 중학교 교육은 초등학교 교육의 성과를 바탕으로, 학생의 일상생활과 학습에 필요한 기본 능력을 기르고, 바른 인성 및 민주시민의 자질을 함양하는 데 중점을 두죠. 고등학교 교육은 중학교 교육의 성과를 바탕으로, 학생의 적성과 소질에 맞게 진로를 개척하며 세계와 소통하는 민주시민으로서의 자질을 함양하는 데 중점을 둡니다. 고등교육은 대학을 통해 전문 학사, 학사, 석사, 박사 학위를 수여하게 됩니다.

중등교육은 왜 필요한가요

편 중등교육이 왜 필요한지, 중등교육만의 역할이 궁금합니다.

김 보통 사춘기라고 이야기되는 지점이 중학교 입학 때쯤이죠. 즉 중학교에 입학 시기부터 고등학교를 졸업하는 시기는 신체적, 정신적 성숙기로 아동에서 성인이 되는 때입니다.

중학교에서는 보통 교육과정으로서 모든 중학생이 같은 내용으로 초등학교의 교육과정을 좀 더 세분화하고 심도 있게 배우게 됩니다. 고등학교에 가서 기초 소양 함양과 기본 학력을 보장하기 위한 보통 교과와 계열별 진로와 적성을 고려한 선택 과목의 전문 교과로 구분합니다. 고등학교에 와서 크게 달라지는 점은 과목을 선택해서 이수한다는 점이 되겠네요.

이렇듯 신체의 성장과 더불어 인지적, 정신적 성장이 완성되어 가는 중등교육 6년의 시기인 거죠.

우리나라 중고등학교의 역사를 알고 싶어요

편 우리나라 중고등학교의 역사를 알고 싶어요.

김 현대의 모습을 갖추기 시작한 학교는 조선 후기 고종의 '교육입국조서(1895년)'로 시작되어 일제강점기를 지나 대한민국 정부가 수립된 이후 구체적인 모습을 갖추게 됩니다.

1949년 교육법이 제정되면서 지금의 6(초등학교)-3(중학교)-3(고등학교)-4(대학교) 학제로 완성되었죠.

1950년대에는 고등학교 교육까지 희망하는 학생 수가 급격히 늘어났고, 1963년에 제정 공포한 2차 교육과정에서 고등학교와 실업고등학교를 두어 졸업 후 대학에 진학하는 학생과 진학하지 않고 취업하는 학생을 위해서 별도의 구별된 교육과정을 제시하였답니다. 1970년 당시 인문계 고등학교의 비율은 45.9%, 실업계 고등학교는 54.1%로 산업화에 따른 모습이었죠.

현재는 고등학교가 일반고등학교, 특성화고등학교, 특수목적고등학교, 자율고등학교, 기타 학교로 나누어져 있답니다.

외국의 중등교육과 어떤 차이가 있나요

편 우리나라와 외국의 중등교육은 거의 동일한가요? 특히 우리나라 교육은 일본과 미국의 영향을 많이 받는다고 들었는데요, 일본과 미국의 중등교육과 어떤 차이가 있는지 궁금합니다.

김 나라별로 학제에 조금씩 차이가 있지만 큰 틀은 인지발달을 기준으로 아동기의 초등교육, 청소년기의 중등교육으로 비슷하게 구성됩니다.

특히 우리나라는 일본과 미국의 영향을 받아 6(초등학교)-3(중학교)-3(고등학교)-4(대학교) 단선형 학제입니다.

학제는 후기 중등교육인 고등학교를 어떻게 하느냐에 따라 크게 차이가 납니다. 보통 미국형이라 부르는 단선형 학제가 있고, 유럽은 복선형 학제로 후기 중등교육 제도가 복잡합니다. 복선형 학제는 한 사회에 두 개의 상이한 학교 제도가 병존하고 있고 그 사이에는 원칙적으로 이동이 불가능한 교육체계를 말합니다.

이동이 불가능한 교육체계라고 하는 것은 초등학교 단계부터 인문 교양교육을 받은 후 명문대학에 진학하여 사회의

지도층이 되도록 교육받는 과정과 중등 단계에서 실업학교나 기술학교를 나온 후 대학에 진학하지 않고 실무 직업에 종사하는 과정을 말합니다.

중고등학교 교과서는 누가 만드나요

편 중고등학교 교과서는 누가 만드나요?

김 교과서는 각 전공의 교수진과 교사들이 출판사와 함께 집필 제작합니다.

교과서는 「초·중등교육법」 제29조 제1항에서 '학교에서는 국가가 저작권을 가지고 있거나 교육부 장관이 검정하거나 인정한 교과용 도서를 사용하여야 한다.'라는 규정에 근거하여 만들어지고 사용됩니다.

국정 교과서는 국가가 교과서 저작에 직접 관여하는 것으로 현재 초등학교 국어, 영어, 수학, 과학 등에 출판이 교육부라고 나와 있는 것을 말하고, 검정 교과서는 보통 중, 고등학교 교과서로 민간 출판사가 교과서를 집필하되, 국가가 정한 검정 기준을 통과하여 교과서로 사용되는 것을 말합니다. 인정 교과서는 국·검정 교과서가 없거나 보충적으로 사용하는 것입니다. 2000년대 이후부터 꾸준하게 국정에서 인정 교과서로 확대되는 추세입니다.

학교 교과서는 누가 정하나요

편 학교 교과서는 누가 정하나요?

김 교과서를 정하는 시기는 국가의 교육과정이 바뀌어 새롭게 교과서가 집필되었을 때뿐만 아니라 학교 구성원들의 요청이 있으면 교체하게 됩니다.

일단 교과서가 출판되면 학교의 모든 선생님이 교과서 선정위원이 됩니다. 모든 출판사의 교과서를 비교하여 교과서의 구성을 분석하고, 우리 학교 학생들의 활동도 고려하여 다각도로 토론합니다.

선생님들의 의견이 하나로 모일 때도 있지만 학년별, 수업별, 학생 구성 유형별 고려 사항이 다를 수 있어 의견이 다를 때가 더 많습니다. 그렇게 되면 여러 차례에 걸친 회의를 통해 교과서를 정하게 됩니다. 그래서 과목별 출판사가 다르고, 학교별로도 교과서가 다른 이유입니다.

교과 외 활동은 어떻게 이루어지나요

편 중고등학교의 교과수업 외에 비교과수업, 교과 외 활동은 어떻게 이루어지나요?

김 교과 외에 이루어지는 활동을 창의적 체험활동이라고 하는데 창의적 체험활동은 자율·자치 활동, 동아리 활동, 진로 활동으로 나누어집니다. 자율·자치활동에서는 학급 회의와 같은 학생회 활동을 비롯하며 안전·건강 교육, 인성 교육, 진로 교육, 민주시민 교육, 인권 교육, 다문화 교육, 통일 교육, 독도 교육, 경제·금융 교육, 환경·지속 가능한 발전 교육 등이 이루어집니다. 동아리 활동에서는 학생들이 자신의 흥미와 소질에 맞는 동아리를 구성하고 활동하는 시간인데요, 이 시간을 가장 즐거워하는 것 같아요. 진로 활동은 진로 적성 검사를 비롯하여 진로부에서 준비한 특강을 듣거나 체험하는 활동을 합니다.

교과 시간 이외의 창의적 체험활동은 보통 학교에서 일주일에 1시간 이상 배정되어 있답니다.

또한 중학교에는 한 학기는 자유 학기로 운영하여 토의·토론 학습, 프로젝트 학습 등 학생 참여형 수업을 강화하고, 학습의 과정을 중시하는 다양한 활동이 이루어집니다.

요리 수업

봉사 활동

중고등학교의 일 년 교육활동이 궁금해요

편 중고등학교의 일 년 교육활동이 궁금해요.

김 3월 들뜬 마음으로 새 학년 새 반에서의 생활이 시작되죠. 새로운 환경에 적응하느라 가장 바쁘기도 하고 설레기도 하는 기간인 것 같아요.

크게 학교 행사는 수학여행이나 수련회 등 외부 교육활동이 1학기에 있고, 2학기에는 체육대회나 축제 등 학교 행사가 있네요. 특히 축제는 일 년간의 동아리 활동을 보여주는 장이 되기에 학생회와 동아리들이 가장 바쁜 행사입니다.

과학의 달에는 과학 행사들이 많고, 봄이 되면 사생대회와 백일장도 열립니다. 직업인 초청 강연이나 진로 직업 탐구 활동이 이루어지고 틈틈이 독서 토론대회도 열리죠. 이렇게 나열하고 보니 학교에 행사가 정말 많네요. 그중에 학생도 선생님도 가장 신경 쓰는 것은 총 4번의 중간고사, 기말고사이지 않을까 합니다. 기말고사를 보고 나면 한 학기가, 일 년이 지나갔구나 하고 실감하거든요. 또한 고등학교에는 2학기 중반에 내년도 선택과목을 선택하는 기간이 있습니다. 이때도 학생들이 많이 고민하여 상담이 집중적으로 이루어지네요.

우리나라 중등교육의 수준은 어느 정도인가요

편 우리나라 중등교육의 수준은 어느 정도인가요?

김 우리나라 학생들의 학업 능력이 우수하다는 것은 모두 알고 있을 것으로 생각합니다.

우리가 꿈꾸는 학교의 목표에 비하면 항상 부족하고 불만도 많이 있겠지만 객관적인 지표로 보았을 때는 나쁘지 않다고 생각되어요.

중학교까지 의무교육이고 고등학교는 의무는 아니지만 학비부터 급식비, 교과서 비용 등 교육에 관한 많은 것들이 무상입니다.

문맹율은 1%대에 불과하고 대부분의 청소년이 고등학교까지 진학하며 심지어 대학으로 진학률은 70% 가까이 됩니다. 그러나 고민이 되는 지점은 학생들이 행복을 느낄까 하는 부분입니다. 공부가 재미있어서, 배우는 기쁨을 느껴서라기보다는 경쟁에 떠밀리듯 공부하는 것은 아닌지, 그로 인해 친구들과의 관계 맺음이 힘들거나 소외감을 느끼는 것은 아닌지하는 걱정도 드는 것이 사실이네요.

학교가 꼭 필요할까요

편 코로나 팬데믹 시기를 거치면서 화면 속에만 존재하는 학교를 전 국민이 처음 경험해 보았습니다. 인공지능 시대에 학교라는 시스템이 꼭 필요할까요?

김 정말 그때를 생각하면 학생들도 교사들도 지금까지 경험해 보지 못한 현실에 당황하고 놀라고 적응하기 위해 애썼던 것이 떠오르네요.

2020년엔 제가 고등학교 1학년 담임을 맡았는데요, 2월에 입학식을 준비하며 사물함에 학생들 이름표를 붙이고, 출석부를 만들며 어떤 아이일까 상상하며 기다리던 것이 무색하게 입학식 없는 입학을 하게 되었지 뭡니까. 우리 반 학생들은 6월이 되어서야 등교를 해서 마스크를 낀 모습을 처음 보았죠. 그때의 반가움과 벅참은 잊을 수가 없습니다.

처음엔 당황했지만, 온라인 수업을 열고, 조심스럽게 등교 수업을 하면서 느낀 것이지만 학교는 배움 그 이상의 역할을 한다는 것이었어요. 요즘 매일 등교하면서 더욱더 느낍니다. 사람은 사람과의 교류와 만남으로 마음을 나누고 정서를 풍부하게 하고 서로 영향을 주고받으며 성장한다는 것을요.

요즘 사회가 급속도로 변화하고 있다는 것을 실감하고 있는데요, 교육도 마찬가지로 변화하고 있습니다. 교육의 변화는 우리나라뿐만 아니라 OECD 여러 나라에서 보이고 있죠.

교육 변화의 공통점을 찾아보면 e-러닝, 온라인 강의 등의 활성화입니다. 현재 고등학교 교육과정 중 이수하지 못한 과목의 경우 온라인 강의를 통해 과목 이수가 이루어지고 있거든요. MIT나 하버드 대학의 경우 명강의를 무크(MOOC; Massive Open Online)로 들을 수 있잖아요. 시간과 장소를 넘어서 배우고자 하는 의지만 있으면 얼마든지 학습할 수 있게 되었습니다.

그러다보니 학교나 교사가 필요 없어질 것이라는 이야기도 있죠. 미래학자들이 사라질 직업으로 예측한 것 중에 교사도 포함되어 있었구요. 지금처럼 국가에 의해 정해진 교육과정의 지식을 전달하는 교사의 역할이라면 인공지능기술로 얼마든지 대체될 수 있다고 생각합니다. 하지만 앞으로의 교사의 역할은 지식 전달이 아닌 학습 동기를 부여하고 방법을 코칭해 주는 것이 더 중요하게 여겨질 것입니다. 사회의 변화는 교육의 변화, 교사 역할의 변화까지 크게 바꾸고 있습니다.

설령 학교와 교사가 사라진다고 해도 '교육'은 사라지지 않죠. 형태와 제도 바뀔 뿐이죠. 오히려 교육에 대한 담론은 그 어느 때보다도 활발하게 이루어지고 있다고 생각합니다.

———

교사는 교육을 위한 새로운 사회계약을 맺는 일에서 각별한 역할을 한다. 가르치는 일은 공적인 것과 개인적인 것 사이의 긴장 속에서 일하는 복잡하고 까다롭고 도전적인 직업이다. 교사는 미래를 상속받고 함께 만들어갈 젊은 세대와의 대화 속에 공유지식을 동원하기 위해 협력적으로 일한다. 가르치는 일은 집단 활동을 포함하면서도 동시에 학생 각각의 고유한 요구와 능력에 관여하는 일이다. 이러한 긴장과 역설로 인해 교사 업무는 대체 불가능하다는 특징이 있다.

— 유네스코 국제미래교육위원회 보고서
〈함께 그려보는 우리의 미래 교육을 위한 새로운 사회계약〉中

홈스쿨링을 하고, 대학교로 진학하는 건 어때요

편 홈스쿨링을 하고, 대학교로 진학하는 학생들도 있나요?

김 요즘은 배움의 방법도 장소도 기회도 다양하다 보니 '반드시 학교만'이라고 고집하지 않는 것 같아요. 실제로 매년 자퇴를 하고 홈스쿨링으로 상급 학교로 진학하는 경우가 점차 많아지고 있는 것 같습니다. 홈스쿨링이라고 해서 100% 집에서 공부한다기보다, 학원이나 과외, 인터넷 강의 등 공부할 방법은 너무도 다양하니까요.

자퇴하는 학생 중에는 학교에 적응하지 못해 힘들어하다가 학업을 포기하는 학생도 있지만, 해외 학교로 유학을 간다던가 학교 내신을 포기하고 수능시험만을 준비하기 위한 학생들도 있어요.

자퇴하고 검정고시로 대학을 가겠다는 학생을 보면, 대학 진학이라는 관점에서야 어떤 길을 선택하든 장단점이 있으니, 자신이 결정할 문제겠지만, 현실에서 도망치듯 선택하는 방법은 아니었으면 하는 마음이 들 때가 더 많습니다.

중등교육은 앞으로 어떻게 변할까요

편 중등교육은 앞으로 어떻게 변할까요?

김 산업화와 양적 성장의 시기를 지나 현재 새로운 변화에 도전해야 한다는 점은 학생들도 학교도 사회도 모두 공통으로 느끼고 있는 부분이라고 생각해요.

그래서 2022 교육과정은 인공지능 기술 발전에 따른 디지털 전환, 감염병 대유행 및 기후·생태환경 변화, 인구 구조 변화 등에 의해 사회의 불확실성이 증가하고 있기에 미래 사회에 능동적으로 대응할 수 있는 능력과 자신의 삶과 학습을 스스로 이끌어가는 주도성을 함양하고자 발표되었어요.

분명한 것은 교사가 학생을 일방적으로 이끌어 지식을 주입했던 교육의 방식은 아니라는 점입니다. 자신감을 가지고 자신의 삶과 진로를 스스로 설계하며 자기 주도적으로 살아갈 수 있는 역량을 기르는 교육, 문제를 합리적으로 해결하기 위하여 다양한 영역의 지식과 정보를 깊이 있게 이해하고 의견이 다른 상대와 대화하고 협업하는 능력을 기르는 교육으로 변해야 한다는 점입니다.

중등교사의 세계

교사는 어떤 일을 하나요

편 교사는 어떤 일을 하나요?

김 교사는 학생을 가르치는 일을 합니다.

교육은 단계에 따라 나누어집니다. 초등학교 입학 전의 유아를 대상으로 어린이집과 유치원에서 이루어지는 유아교육이 있고요, 보통 8세~13세까지의 어린이를 대상으로 초등학교에서 가르치는 초등교육, 14세~19세의 청소년을 가르치는 중학교와 고등학교의 중등교육이에요. 대학교에서 이루어지는 교육은 고등교육이라고 하죠.

저는 고등학교에서 국어를 가르치고 있는 중등 교사입니다.

편 중고등학교 선생님은 교사, 고등교육에 종사하시는 분들은 교수라고 하잖아요. 교사와 교수는 어떤 차이가 있나요?

김 표준국어대사전을 찾아봤어요. 사전에 교수(敎授)는 '대학에서 학문을 가르치고 연구하는 사람'으로, 교사(敎師)는 '주로 초등학교·중학교·고등학교 따위에서, 일정한 자격을 가지고 학생을 가르치는 사람'으로 정의하고 있답니다. 모두 학생을 가르친다는 공통점이 있지만, 교수는 어떤 한 분야에 대해 고도의 전문지식을 갖고 연구하는 사람이고, 교사는 교육과정에 의한 수업을 한다는 점이 다르다고 볼 수 있네요.

국어교육을 예로 들어볼게요. 국어는 말하기, 듣기, 읽기, 쓰기, 문학, 문법 이렇게 여섯 개 영역으로 나뉘어요. 고등학교까지는 모든 사람이 인생을 살아가는 데에 있어 가장 필요한 기본 교양을 가르쳐야 해요. 그래서 중등교사는 저 여섯 가지 영역을 골고루 공부하고, 학생들에게 가르치죠. 그런데 대학교에서는 그 6개 영역 중 하나의 영역, 예를 들면 문학이라고 하면 현대문학 중에서 시, 그리고 작가 김소월, 이런 식으로 깊은 연구를 합니다.

편 고등학교까지의 교육은 사회의 구성원으로서 필수적으로 알아야 할 교양을 익히는 과정이라고 이해하면 될까요?

김 네, 맞아요. 국어 분야에도 새롭게 도입되는 이론, 새로운 해석들이 많거든요. 그렇지만 중등교육 현장은 새로운 이슈에 대해서 가르친다기보다 국어 전반에 대한 보편적인 것들을 가르쳐요.

🔲 교사 업무에 대해 좀 더 구체적으로 들려주세요.

🔲 가장 중요한 건 학생을 가르치는 일이에요. 그리고 학생들의 생활 지도를 합니다. 더불어 교사도 공무원이기 때문에 행정적 업무를 하고요. 이렇게 세 가지로 볼 수 있어요.

🔲 수업은 학생들은 가르치는 일이고, 학생 생활지도도 모두 잘 아실 것 같아요. 그런데 행정 업무는 어떤 것을 말씀하시는 건가요? 예를 들면 생활기록부를 작성하는 건가요?

🔲 생활기록부 작성도 행정업무이지만 그밖에 다른 행정업무도 많습니다.

교사의 행정업무는 교육과정을 각 학교에 맞게 구성하는 일이 가장 중심이에요. 교육과정에 의한 학년별 과목 배정 후 과목별 수업 단위 수를 정하고, 학기별 수업 진도와 평가의 계획을 세워 실행하는 과정을 말합니다. 그밖에 학교에서 이루어지는 많은 행사가 있잖아요. 예를 들면 수학여행, 학생회자치 구성, 동아리 활동, 학교 축제, 각종 경시대회, 방과 후 수업 등의 학교 행사를 계획하고 그에 따른 예산을 편성해서 활동하고 이후 평가보고서 작성 등 모든 일이 선생님의 업무에 해당합니다. 물론 교육청이나 교육부의 여러 정책 사항 시행과 보고가 있고요, 교과별, 학년별 회의와 각종 위원회, 예를 들면 학교 운영위원회, 성적처리위원회, 학교폭력위원회, 선도위원회 등에 참석하고 회의록을 작성하여 보고해요. 가을 국정감사 기간에 여러 국회의원이 요구하는 자료들도 정리해서 보냅니다. 한번은 3학년 기획 업무를 한 적이 있었는데, 그때는 정말 화장실 갈 시간도 없이 바빴어요. 오늘 당장 처리해야 하는 공문이 있는데 국정감사 자료로 독도 수업 몇 시간 했는지 조사해서 오늘까지 제출하라고 오니까 그 국회의원이 정말 밉더라고요.

편 그러면 선생님들은 학교에서 여러 역할이 있으시다는 건가요?

김 네 그렇죠. 국어 수업을 하고 있으니까 국어 교사로서 해야 할 역할, 담임을 맡고 있다면 담임 교사로서 해야 할 역할, 그리고 학교 구성원으로서 행정 부서에 소속되어 행정 업무를 합니다. 행정 부서는 학교별로 이름과 하는 일이 조금씩 차이가 나긴 하지만 대부분 이런 구성을 하고 있어요.

교무부, 교육과정부, 연구부, 과학정보부, 창의체험부, 체육부, 상담복지부, 생활지도부, 진로진학부, 학년부 등으로 나누어져 있답니다.

직업 교사의 역사는 어떻게 되나요

편 직업 교사의 역사는 어떻게 되나요?

김 동서양을 막론하고 과거의 교육은 일종의 귀족집단에서 이루어졌어요. 조선 시대를 보면 양반이 교육을 받았죠. 공적이고 보편적인 공간이 아니라 사적인 공간, 즉 집에서 가정교사를 부르거나 혹은 몇몇 사람들로 모임을 만들어서 공부했죠.

특수한 집단에게만 이루어졌던 교육이 19세기 이후 유럽에서 국가가 직접 학교를 세우고 교사를 양성하여 보편화한 공교육을 시작했어요. 국가 주도로 보편적인 교육이 시작된 것이죠. 당연히 그 배경엔 산업혁명과 시민혁명이 있었죠. 스승의 개념은 아주 옛날에도 있었지만, 교사 양성을 국가가 직접 하게 되면서 직업으로서의 교사가 탄생했습니다.

우리나라도 개화기를 거치면서 신교육사상이 일어났고, 모든 국민이 신분이나 남녀의 구별 없이 동등하게 교육을 받을 기회가 확대됩니다. 1894년 갑오개혁 이후 1895년 고종이 '교육 입국 조서'를 반포하면서 새로운 교육개혁을 제시했죠.

유치원 교사, 초등교사, 중등교사의 차이는 뭔가요

편 유치원 교사, 초등교사, 중등교사의 차이는 뭔가요?

김 학생들의 발달 단계가 다르기 때문에 가르치는 분야와 방법도 달라야 해요. 학생들의 발달 단계에 따른 구분이라고 보시면 됩니다. 예를 들면 같은 양의 물을 길쭉한 컵과 옆으로 넓은 컵에 넣고 "어느 쪽 물이 많은가요?"라고 물으면, 유아들은 길쭉한 컵이라고 대답하고, 초등학생은 두 양이 같다고 대답합니다.

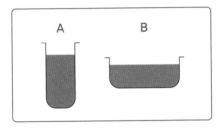

피아제의 인지발달이론에 따르면 7세를 기준으로, 7세 이전엔 전 조작적 사고기로 사물의 이름을 알고 동물을 구분하는 단계이고, 7세 이후가 되면 자기 중심성이 적어지고 좀 더 체계적인 사고가 가능해집니다. 그래서 물이 담긴 컵의 길이

가 아닌 컵에 담긴 양을 비교할 수 있게 되는 거죠. 그리고 11세가 되면 추상적인 사물들에 대하여 논리적인 생각을 할 수 있는 형식적 조작기 단계가 됩니다. 그 인지 단계가 유아교육, 초등교육, 중등교육의 시작점이 됩니다.

유아들을 대상으로 질량보존의 법칙을 가르칠 수는 없잖아요. 아무리 설명해도 인지단계가 안 되는걸요.

학부모 대상 연수

외국의 직업 교사와 어떤 차이가 있나요

편 외국의 직업 교사와 어떤 차이가 있나요? 업무, 처우의 차이 등 궁금해요.

김 제주도 국제 학교에 자녀를 보낸 지인의 이야기를 들었어요. 그 학교에 근무하는 선생님은 수업만 하신데요. 심지어 수업에 잘 따라가지 못하는 아이는 따로 보조 선생님이 도와주고, 다른 학생들을 괴롭히며 수업을 방해할 경우 교실 밖으로 쫓겨 나가 상담실이나 교장실에 가서 지도를 받는다고 하더라고요. 철저히 교사는 수업에만 집중하고, 그 외 업무는 하지 않는데요. 또 하나는 수영 수업을 하시는 체육 선생님이 너무 엄격하다며 학부모들이 교장실을 찾아가 교사 교체를 요구했는데, 교장 선생님의 대답은 "우리 학교의 교육방침을 따르지 않으려면 나가 주세요." 현재 우리 교육 현장과 달라 부러웠어요.

앞에서 예를 들었듯이 외국의 교사들은 가르치는 본연의 역할에 충실한 것 같아요. 그 외의 것들은 각각의 전문가에게 역할이 주어지는 거죠. 그러나 현재 우리의 학교 현실에서 교사는 가르치는 사람을 넘어 상담가이자 진로 설계자이자, 프로젝트 사업가이자 때로는 엄마와 같은 역할을 요구하는 것 같아요. 학생의 진로 지도도, 정서적 위험성을 발견하는 것도, 가정 내 아동 학대 징후를 발견하는 것도, 학교 폭력의 예방 지도도 담임 교사에게 우선 묻게 됩니다. 국어 교사로서 수업을 정말 재미있게 열심히 하여도, 학생 대입 지도를 안 하면, 학생이 오늘 기분이 왜 나빠 보이는지 이유를 알지 못하면 소위 말해 좋은 교사가 아니라는 인식이 외국과 우리의 차이이지 않을까 합니다.

📧 신분이라는 측면에서는 어떨까요?

🗾 법적으로 살펴보면 외국의 교사와 한국의 교사의 차이는 '신분보장'이라는 단어로 정리할 수 있을 것 같습니다. 교사는 학교장의 명령에 따라 학생을 가르치는 것이 아니라 법에 따라 학생을 가르쳐요. 즉 한국의 교사는 학교장 마음대로 권고 사직을 할 수 없게 법으로 보장되어 있어요. 그렇기에 '겸직 금지'를 둡니다. 교사는 다른 영리활동을 할 수 없죠. 쉽게 말해 아르바이트나 사업을 할 수 없는 거예요. 또한 '품위유지'나 '정치, 종교적 중립'이라는 의무도 함께 있습니다.

편 수업 재량권의 차이에서는 어떨까요?

김 우리나라의 경우 국가에서 교육을 주도하다 보니까 교과서에 대한 절대적 신봉이 있어요. 여러 다른 나라는 선생님이 교과서를 직접 만들죠. 한 학기 동안 가르칠 내용과 방법을 정하고 평가하는데 재량권이 많다고 하더라고요. 예를 들어 1학기 동안 김소월의 시를 바탕으로 시의 심상에 대한 심층 수업을 하고 싶다면 시인에 대한 소개부터 시의 요소, 이미지의 종류 등 자유롭게 가르칠 수 있어야 하는데, 우리나라의 교육제도 안에서는 그게 불가능해요. 딱 정해져 있는 내용만, 다시 말해 교과서를 넘어서지 않는 수업을 해야 해요. 왜냐하면 수능을 봐야 하니까요.

제가 개인적으로 고민하는 게 이 지점이에요. 아니, 사회 전체가 고민하고 있을 거예요. 세상은 정말 빠른 속도로 다변화하고, 학생들은 질 높은 지식을 요구하죠. 교육 현장에서 반드시 해야 하는 것과 다양성 자율성의 요구가 공존하는 현실적인 충돌이 있어요.

편 교과서를 직접 만들어서 수업하면 안 된다고요?

김 물론 보조 자료로서의 교재를 만들거나 학습지를 만드는 것은 당연하게 되지만, 각 단원별 달성해야 한는 성취 기준과 평가 기준은 국가 단위에서 정해져 있기에 그것이 가장 잘 구현된 검인정 교과서를 벗어나 자유롭고 창의적인 수업 구성은 어려운 것이 현실입니다.

⊞ 우리나라의 교사는 정해진 교육과정에 맞추어 수업은 할 수 있지만, 교과서나 교육과정, 계획수립 등을 주도할 수 없다는 거네요.

⊞ 현실적으로 대입 제도가 있는 이상, 어쩔 수 없다고 생각해요.

⊞ 그런데 선생님, 대입 제도는 모든 나라에 다 있지 않나요? 일본, 미국, 유럽도 다 시험 보잖아요.

⊞ 이 문제를 바라보는 다양한 의견이 있기 때문에 제가 말씀드리는 건 제 개인적인 의견입니다.

우리의 문제는 모두가 대학에 가려고 하기 때문인 것 같아요. 모두가 대학에 가려고 하니까 국가 단위의 대입시험이 존재하고 그 시험에 1등부터 100등까지 일렬로 서서 대학에 입학하고자 합니다. 그런데 그 대학들마저도 1등부터 100등까지

서열이 있으니 더 좋은 대학에 가기 위해서는 1점이 아쉬운 거죠. 이렇다 보니 학교의 재량이나 교사의 재량권은 줄어들 수밖에 없게 됩니다. 학교는 그저 대학을 가기 위한 평가기관으로 비추어지는 것 같아요.

우리나라 대입 제도에서 이런 줄 세우기 폐단을 줄이고자 수시전형을 도입했어요. 다양하게 가르치고, 대학에서도 다양한 방법으로 학생들 뽑자는 거예요. 그런데 이 제도가 교육 현장에서 장점을 살리고 있는지 고민이 됩니다. 우리나라 교육 제도의 토대에 외국의 대입 제도를 어설프게 접목한 게 지금 충돌하는 것 같아요. 마치 근본은 바뀌지 않은 채 형식만 도입하고 나니 피해를 보는 건 학생, 학부모, 학교, 교사 그리고 사회 전체인 것 같아요. 다시금 사회도 함께 고민하고 풀어가야 할 문제라고 생각합니다.

편 우리나라의 사립학교 교사도 공무원인가요?

김 공무원은 아니지만, 국공립학교 교원에 준하는 대우를 받습니다.

교원은 유치원, 초등학교, 중등학교, 대학교, 특수학교 등에서 가르치는 일에 종사하는 모든 사람을 지칭하는 말인데,

사립학교 선생님은 학생을 가르치는 교원이지만, 교육공무원은 아닙니다. 다시 말해 학교법인 소속의 교원이죠. 그렇지만 사립학교법에 근거하여 교육공무원법에 규정된 교원의 신분보장과 권리, 의무를 적용받아요.

이 직업만의 매력과 장점에 대해 알고 싶어요

편 이 직업만의 매력과 장점에 대해 알고 싶어요.

김 교사라는 직업은 참 매력적이에요. 누군가 교사를 하고 싶다면 적극적으로 같이 하자고 얘기하고 싶어요.

무한한 가능성을 품은 학생들과 만나 미래를 이야기할 수 있잖아요. 이것만큼 멋지고 근사한 일이 또 있을까요. 제가 아이를 낳고 난 후엔 더더욱 학생들이 사랑스럽게 보입니다. 소중한 한 명 한 명의 생명과 어깨를 맞대고 살아갈 수 있다는 게 참 감사해요. 그리고 어른으로 성장하여 만나는 학생들은 선생과 학생의 관계를 넘어 친구이고 스승이며 제자입니다.

학생들은 저에게 삶에 대한 많은 영감을 주기도 해요. 제게 자신의 고민을 이야기하고 저도 학생들에게 고민을 이야기하죠. 서로 같이 해결책을 찾는 거예요. 물론 학생들에게 국어를 가르치는 수업의 매력도 참 근사해요. 수업시간의 학생들 반응은 그때그때 끊임없이 다르고 교실은 굉장히 역동적인 공간으로 변해요. 수업 이후에 이루어지는 다양한 인간관계도 신나는 일이고요. 교사는 사람을 많이 만나요. 1년에 제가 만나는 학생만 이백 명 정도 되죠. 십 년이라면 약 2천 명 이상의 사람들과 만나는 거잖아요.

　그리고 누군가에게 도움을 줄 수 있다고 생각이 들 때면 참 뿌듯합니다. 지식을 알려주는 기쁨뿐만 아니라 한마디 말이 학생들 마음에 씨앗이 된다는 것이 기쁘죠.

반 아이들과 함께

직업 교사는 자유로운 직업인가요

편 직업 교사는 자유로운 직업인가요?

김 어떤 의미의 자유로움을 말씀하시는 거죠?

편 '인간의 창의성과 자율성이 중요한 직업이 맞을까?' 라는 의문이 있어서요. 사실 이 직업에는 제약이 많을 것 같아요. 학교라는 공간이나 교직원 사회가 폐쇄적이지 않나요? 요즘 바뀌고 있는 기업문화에 대한 기사들을 보면 '이런 시대가 왔구나.' 하고 느껴져요. 그런데 과연 교육 공무원들이 이런 변화에 민감한 직업군인지 의심이 들어요.

김 맞아요. 그런 점에서는 자유롭지 않은 것 같아요.

비근한 예로 공무원이다 보니 복무규정이 엄격해요. 일반 직장인은 잠시 나가서 은행 업무를 보거나 지인을 만날 수 있지만, 교사는 은행이나 병원 진료 등 학교 밖을 나갈 때는 외출, 조퇴의 결재를 반드시 받아야 해요. 외출의 이유를 밝혀 타당한 것에 대해서만 허가가 납니다. 점심시간도 학생들을 지도하는 시간이기 때문에 근무시간에 포함되죠. 점심시간에 근처로 찾아온 친구와 점심을 먹는 건 거의 불가능해요.

이런 행동 제약뿐만 아니라 어떤 사회적 이슈가 나왔을 때 그것에 관해 이야기하는 게 참 어려운 것 같아요. 어느 편도 들지 말라는 거죠. 그런데 인간은 본능적으로 어떤 가치를 추구하는 동물이잖아요? '편향적이면 안 된다.'는 것 자체가 말이 안 되는 것 같아요.

편 끊임없이 자기 검열을 해야 한다는 말로 들려요. 너무 부자유스럽지 않나요?

김 아무래도 교단에서 학생들을 가르치는 입장이다 보니 제약되는 것들이 많은 것 같아요. 가치라는 것도 시대와 상황에 따라 달라지니 간단한 건 아니죠. 검증된 것, 보편적인 내용을 가르쳐야 하기 때문이죠.

예를 들어 새로운 것이 나왔다고 해서 교육에 바로 접목할수는 없어요. 한 사람의 교사 입장이나 혹은 정책을 만드는 입장에서는 시도해 볼 만한 것들일지라도 교육을 받는 학생 입장에서는 평생에 한 번뿐인 시기이기에 실험 대상이 되어서는 안 되니까요.

편 뭔가 고루한 이야기 같아요.

김 시대의 흐름에 맞게 선생님 중에는 개인 소셜 미디어를 운영하는 분도 계시고 그것에 대하여 금지조항도 점점 풀어지고 있는 추세이긴 합니다. 시대의 변화에 맞게 교직 사회도 바뀌고 있는 거죠.

좀 더 교사들이 자유로워질 수 있었으면 좋겠다는 생각입니다. 사고의 유연성이 창의성을 만드는 것이 당연하고, 학생들을 창의적으로 가르치기 위해서는 가르치는 교사가 먼저 창의적 사고방식을 가져야 하니까요.

정해진 성취 기준을 달성한 정해진 교과서로 정답이 정해진 시험을 통과시켜야 하는 수업에서 학문적인 자유로움을 어떻게 요구할 수 있을까요.

교사 연수

교사 직업을 가진 사람들의 공통점이 있나요

편 교사 직업을 가진 사람들의 공통점이 있나요?

김 이 일을 10년 넘게 하면 지나가는 사람들도 교사인 걸 알아챈대요. 일단 복장이 단정하고, 천천히 또박또박 말한대요. 그리고 누군가를 가르치는 어투로 무엇이든 설명하는 스타일이래요. 저도 '혹시 선생님이세요?' 하는 말을 많이 들어요.

편 엄청 꼼꼼해질 것 같아요.

김 그렇게 되는 것 같아요. 평소 학생들의 말과 행동을 관찰했던 습관과 설명하는 일을 하다 보니 일단 말이 많고, 설명을 길게 하고, 상대방이 이해할 때까지 설명해야 직성이 풀려요.

편 선생님들의 직업병이 있나요?

김 성대 결절, 하지정맥류, 혈액순환 장애 등이 대표적인 것 같아요. 특히 성대 결절은 정말 많아요. 수술도 많이 하시고요. 늘 목이 아프고, 목소리가 잘 안 나와요.

그리고 서 있으니까 다리가 많이 붓고, 허리도 많이 아파요. 실제로 교사와 간호사 직업군의 유산율이 높다고 들었어요.

편 직업병을 예방하기 위해서 어떤 노력을 하세요?

김 직업병을 예방한다기보다는 목을 사용하는 경우가 많으니까 차를 많이 마셔요. 아마 말하는 직업을 가진 사람들은 비슷할 거예요. 물이나 녹차, 커피를 입에 달고 있죠. 체력이 강해야 하니까 운동도 열심히 하고요.

상담

교사 업무가 힘들다고 느낀 적은 언제예요

 교사 업무가 힘들다고 느낀 적은 언제예요?

 요즘에 가장 힘든 점은 교권 침해로 인한 갈등이에요. 교권이란 것이 헌법과 법률에서 보장하거나 국제인권조약 및 국제 관습법에서 인정하는 기본적인 인권 및 교육권 등인데, 교육할 권리는 고사하고 인간의 권리도 침해받는 일이 종종 벌어지는 것 같아요.

다른 학생의 사물함에서 지갑을 훔치는 것이 현장에서 발각되어 선도부로 넘겨졌는데 밤에 문자로 '밤길 조심하라'는 문자를 보낸 학부모가 있었어요. 본인 자식이 잘못했지만, 선도부에 의한 징계는 내리지 말아 달라고 교장 선생님을 찾아가 이야기했나 봐요. 아마 교장 선생님에게 이야기하면 무엇이든 해결된다고 생각했던 모양입니다. 그런데 담임선생님이 단호하게 규칙대로 하겠다고 하자 이런 협박성 문자를 보낸 겁니다. 부모님의 직업이 조폭이냐고요? 아니요. 고위공직자이셨어요. '학교를 얼마나 무시하기에 이런 행동을 하나.' 하는 생각이 들었죠.

편 저런 문제들이 생기면 어떻게 대응하세요?

김 지금은 교권위원회도 생기고 교권을 지키자는 목소리도 나오지만, 그 당시에는 그 어떤 대응도 할 수 없었어요. 공무원이니까 최대한 조용히 넘어가야 해요. 속으로 많이 삭이죠. 그게 제일 슬퍼요.

교사는 교육할 권리가 있잖아요. 그런데 학생들이 떠들고 소리치며 수업을 방해하는 행동은 교육할 권리라는 교사의 교권을 침해하는 행동이란 것을 학생들은 몰라요. 교권의 침해뿐 아니라 다른 학생들이 수업받을 권리마저 침해한다는 걸 모르죠. 학부모들 역시 가끔은 자신의 아이만 중요하게 여기고 공동체의 약속이나 교사의 결정을 무시하는 행동을 보일 때가 있어요. 국제 학교의 수업 이야기를 들었을 때 부럽다고 느낀 건, 바로 이런 점이었어요.

우리는 지금 그것을 어떻게 해결해야 할지 고민하는 단계라고 생각해요. 같아요. 과거 군사 독재를 겪으며 한국 사회가 그러한 문화의 영향을 받았고, 학교 역시 예외는 아니었잖아요. 그래서 몽둥이로 맞은 이야기, 성적이나 소득 등으로 차별받은 이야기, 비인격적인 선생님의 이야기가 학교생활과 함께 떠오르죠.

편 이슈화되는 교권 침해 문제는 교육 주체들 간의 권리 즉 그동안 억압받았던 학생 인권을 향상하는 과정에서 일어나는 부작용일 수도 있겠네요. 정착될 때까지 시간이 필요할 것 같아요.

김 학교도 교사도 그리고 학생과 학부모들도 각자 바뀌어야 하는 부분이 분명히 있어요.

편 양측이 제 자리를 잡아가는 과정이라고 긍정적으로 생각하시는 거죠? 이 마찰이 해결되리라고 확신하세요?

김 네. 해결될 거로 생각해요. 교사와 학생이 많은 토론을 하고 합의점을 찾아가는 과정이 필요하다고 생각해요. 사실 학생의 인권이나 교권에 대하여 생각하기 시작한 게 얼마 안 되었잖아요. 그리고 교육청에서도 학생 인권조례를 만들고, 교권 침해에 대하여 신고할 수 있게 하고 있어요. 제도가 조금씩 만들어지는 거죠.

반 아이들과 함께

학생들이 선생님께 욕을 많이 하나요

편. 학생들이 선생님께 욕을 많이 한다는 뉴스를 본 적이 있어요. 어떻게 대응하세요?

김. 욕이란 게 그냥 생활 언어인가 하는 생각이 들 때가 있어요. 말끝에 습관적으로 욕이 붙는 거죠. '감히 선생님에게 욕을 해?'가 아니라 언어생활 자체가 욕이다 보니 어른에게도 거리낌 없이 사용한다는 생각이 들더라고요.

편. 그런데 학생들이 왜 욕을 한다고 생각하세요?

김. 우리 사회가 사용하는 언어가 점점 거칠어지는 것 같아요. 방송을 봐도 여기저기 비속어와 욕설들이 정제되지 않은 채 사용되고 있잖아요. 욕설 사용에 점점 무디어져 간다고 할까요?

풍부하고 다양한 어휘를 사용하여 자신의 상황과 감정을 표현하기보다는 간단한 단어의 반복으로 모든 것을 표현하는 것 같아 안타깝습니다. 책이나 교양과는 멀어지고 가벼운 오락거리의 영상에 지속해서 노출되는 것에 영향을 받는 거겠죠.

편 그러면 미디어 노출을 적게 하면 해결이 될까요?

김 그런데 또 한편으로 생각하면 이런 생각을 할 때도 있어요. 어른들은 왜 욕을 할까요? 어떨 때 할까요? 뭔가 부당하다고 느낄 때이지 않을까 생각합니다. 학생들이 힘든 거죠. 무한 경쟁, 성적이 잘 안 나오면 패배자인 것 같은 슬픔, 미래에 대한 불안과 스트레스가 학생들을 너무도 힘들게 합니다. 고3 교실에 있다 보면 가슴 깊은 곳에서 나오는 한숨에 너무도 가슴이 아파요. 그러니 욕을 안 할 수가 있나요. 힘들게 버티고 있는데, 엄마가 선생님이, 어른이 자존심을 건들면 참지 못하고 나오는 것이 욕이겠죠.

그런데 학생들은 자신이 왜 힘든지, 무엇이 나를 이렇게 힘들게 하고 있는지, 어떤 방법으로 해결해야 하는지 알지 못하죠. 그건 어른들이 만들어 놓은 괴상한 사회의 틀이니까요. 좋은 어른이라면 욕을 하는 학생을 탓할 것이 아니라 욕 나오게 하는 사회를 어떻게 바꿀 것인가 고민해야 한다고 생각해요.

교사 직업을 희망하는 학생들이
많은 이유가 뭘까요

편 학교라는 공간 안에서 많은 이슈가 있지만, 그래도 교사라는 직업을 희망하는 학생들이 많은 것 같아요. 이유가 뭘까요?

김 학생들이 가장 많이 접하는 사람이 교사잖아요. 가장 가까이 접하는 직업이다 보니 친근하게 느끼는 것 같아요. 그리고 현실적으로는 안정적인 공무원이기 때문 아닐까요.

편 부모님들은 안정적인 직업을 선호하니 그 영향도 있겠네요?

김 부모님들은 교사 직업이 안정적이라는 것에 점수를 더 주시겠죠. 초등학생은 선생님을 거의 좋아하니까 교사를 많이 희망하죠. 그런데 고등학생 정도 되면 진로랑 직접적인 연결이 되거든요.

보통 교사를 지망하는 학생들은 교육과 교사에 대해서 긍정적인 생각을 많이 가진 경우가 많아요. 교사라는 직업을 선택할 때 '내가 학생들과 학교를 싫어하지만, 안정적이니까 교사가 될 거야.'라고 생각하진 않아요. 선생님과 좋은 인연을

맺어본 학생들, 학교라는 공간 안에서 인정과 사랑을 받았던 학생들이 교사라는 직업을 선택하는 경우가 많은 것 같아요.

학교에서 진로 진학지도할 때, 교사를 희망하는 학생들은 공통점이 있더라고요. 천성이 사람을 좋아하고, 무언가 자신이 가진 것을 나누는 것을 좋아하고, 자신을 드러내기보다 옆에 있는 다른 사람을 빛나게 해주는 것을 기꺼워하는 성격을 보여요.

교사 업무

민감하게 반응하는 뉴스나 정보가 있을까요

편 교사로서 민감하게 반응하는 뉴스나 정보가 있을까요?

김 아무래도 교육 제도에 가장 관심이 많아요. 저 같은 경우에도 고등학교에 있으니까 입시 제도에 정말 관심이 많아요. 그리고 청소년 문화에 관련된 뉴스나 정보는 저절로 관심이 가는 것 같아요.

교무실 책상

연령차가 점점 벌어지는 문제는 어떻게 극복하나요

편 학생들과의 연령차가 점점 벌어지는 문제는 어떻게 극복하나요?

김 학생들은 선생님과의 나이 차이를 크게 의식하는 것 같지는 않아요. 서른 살, 쉰 살은 상관없어요. 어떤 말을 하고 어떻게 공감하느냐의 차이로만 꼰대냐 아니냐를 판단하죠. 선생님이 서른 살이면 좋고 쉰 살이면 싫은 게 아니라 아무리 젊어도 나와 소통하지 못하면 싫고, 머리가 하얀 할아버지 선생님이라고 해도 이야기를 나눌 수 있고, 공감과 소통의 대상이라면 좋아하더라고요. 학생들은 정말 많은 이야기를 해요. 공부 이야기만 할 것 같죠? 아니에요. 친구나 좋아하는 연예인, 스포츠 등 너무도 다양한 관심 분야의 이야기를 해요. 선생님께 한 번씩 툭 던지죠. "선생님, 샤이니의 민호 어때요?" 이렇게 던졌는데, 선생님이 "어! 나도 민호 아는데, 이번 노래 좋더라." 이렇게 하면 그게 물꼬가 되어서 그다음 이야기가 진행이 되죠.

야근하는 경우가 많은가요

편 야근하는 경우가 많은가요?

김 9시쯤 교무실에 가면 일 하고 계신 선생님들을 종종 볼 수 있죠.

편 야근이 많다는 신문기사를 본 것 같아요.

김 업무에 차이는 있겠지만 교육청 보고 관련 업무가 있는 분은 일과 중에는 수업을 하고 수업 이후 업무보고로 늦게 퇴근하실 때가 있죠. 출장도 종종 있어서 낮에 수업을 조정하여 출장을 가고, 부족한 업무는 남아서 마저 해야 돼요. 학교에서는 수업 외에도 다양한 업무들이 있는데, 낮 일과시간에는 수업하고 남는 시간엔 수업 준비나 간단한 공문처리 등을 할 뿐 선생님들이 회의하거나 보고서 등의 서류를 만들 시간이 부족하기 때문에 근무시간 이후에 일하게 되는 경우가 종종 있죠.

보통 학생들이 학교에서 야간학습을 할 경우 관리·감독하시는 선생님은 반드시 남아계시고, 방과 후 수업하시는 선생님들이 수업과 수업 연구로 남아계시죠. 그 외에 야근이 있는 경우는 2월~3월 학교의 1년간의 교육 프로그램을 준비하고 새 학년이 시작될 때입니다. 11월~12월에는 성적 최종 정리와 더불어 생활기록부를 정리하는데 모든 선생님이 쉽게 자리를 뜨지 못하시죠. 그리고 일 년에 4번 실시되는 중간, 기말고사 기간에는 선생님들 회의가 많아요. 시험 문제는 공동 출제, 공동 채점이기 때문에 시험 출제 범위를 정하고, 시험 문제를 내서 문제별로 토의를 하고, 주관식 답을 채점해야 하는데, 일과시간에는 하기 어렵잖아요. 각 선생님의 수업시간이 달라 모이기가 어렵기 때문에 학생들의 하교 후에 이루어지는 경우가 많아요. 시험 출제로 약 3주, 시험 후 약 1주일은 정말 정신이 없습니다.

업무도 업무지만 담임일 경우 학생 생활과 관련된 서류정리 상담 등으로 쉽게 퇴근하기 어려워요.

수업 준비는 어떻게 하세요

편 수업 준비는 어떻게 하세요? 5년 정도 지나면 따로 준비하지 않아도 수업이 가능할 것 같아요.

김 대학에서 전공했으니까 이미 가르치는 내용 그 자체만 생각하면 쉽겠죠. 하지만 중요한 건 수업 방법이잖아요. 교과서 내용을 어떻게 전달할지를 준비하는데 많은 시간이 듭니다. 학생들이 이해하기 쉽게 다른 예를 찾고, 관련된 시청각 자료들을 모으고, PPT나 유인물로 제작하면서 수업 준비를 합니다. 매년 맡는 학년이 다르고 학생들의 수준이 다르고, 5년 정도면 교과서도 바뀌니 수업 준비는 매번 새롭게 하는 것 같네요.

초임 교사 때는 수업 준비가 어려웠던 것 같아요. 자료가 부족해서가 아니라 학생들의 수준에 맞추어 설명하는 것이 어려워서요. 학생들이 어느 부분에서 이해를 잘 못 하고, 어떻게 해야 이해를 잘 할 수 있는지 잘 모르니까 무작정 많은 자료를 준비해 가거나 엄청 어렵게 학술적으로 설명하기도 했죠.

편 선생님은 국어교사이신데, 국어수업은 어떻게 준비하세요?

김 문학 작품은 교과서에 실린 것 외에 참고 작품을 많이 준비해요. 고등학교 문학을 한 학기 수업하는데 문학이 고대 문학부터 현대 문학까지 다 다루다 보니 가사 두 편, 현대 시 세 편 이런 식으로 매우 적거든요. 그래서 교과서 외의 문학 작품까지 준비합니다.

독서 지문은 인문, 예술, 과학, 기술, 사회 등 다양한데 저의 전공영역이 아닌 것도 교과서에 실립니다. 가령 별까지의 거리를 재는 글이나, 양자역학에 대한 설명, 칸트의 사상 등이요. 그럴 땐 전공 선생님들의 도움을 받아요. 물리 선생님을 찾아가 상대성 이론을 묻고, 정치 선생님을 찾아가 정치 이론에 관해 설명 듣죠. 그런 점에서 학교는 참 좋아요. 각 분야의 전공자가 교무실에 모두 계시니까요.

편 교사용 참고서가 따로 있나요?

김 교과서를 만들 때, 교사용 지도서라고 하는 교사 참고 자료도 함께 만듭니다. 교사용 지도서를 참고하기만 할 뿐, 교사용 지도서에 전적으로 의존하는 건 아니에요. 그것보다는 관

련 서적을 참고하거나 전문가에게 직접 물어보거나 하죠. 교
사용 지도서는 교과서를 집필한 선생님들이 자료를 공유한다
고 보는 것이 좋을 것 같아요.

학생들이 토론 수업을 좋아하나요

편 학생들이 토론 수업을 좋아하나요?

김 좋아해요. 그런데 단체 토론은 진행하기 상당히 어려워요. 30명이 어떻게 토론할 수 있겠어요. 그래서 4~6명씩 모둠을 만들어 모둠별 토론을 하죠. 토론 수업은 국어 과목에만 한정된 것이 아니라 다양한 과목에서 다양한 방법으로 이루어지고 있어요. 학생들도 좋아하고 토론을 통해 얻는 것도 많답니다.

편 학생들이 좋아하는 주제는 어떤 건가요?

김 아무래도 최근 이슈를 좋아해요. 유전자 변형 식품에 관한 것, 사회 양극화 문제, 일본 위안부 문제, 공장식 축산방법이 지구와 미래에 끼칠 영향 등 정말 다양한 주제로 토론하길 좋아하죠. 한 개의 주제를 갖고도 정말 끝이 없는 토론을 해요. 자료나 파워포인트도 무척 잘 준비하고요.

편 국제적 이슈도 토론해요?

김 인터넷의 발달로 세계 각지에서 일어나는 많은 일들을 쉽고 빠르게 접할 수 있게 되어서 학생들의 관심사도 점점 넓어지고 있는 것 같아요. 특히나 환경 문제는 모두의 관심사이고요, 과학 기술의 발전으로 야기되는 사회의 문제점에 관한 주제는 항상 토론 주제가 됩니다.

사회의 대다수 문제가 지역의 작은 단위에서 일어나기보다는 나라와 나라 사이, 대륙과 대륙 사이에서 발생하고 영향을 미치고 있기 때문에 자연스럽게 국제적 문제로 인식하게 되는 것 같아요. 그래서 학생들도 외교나 국제 협력에 관심이 많답니다.

더욱 다양하고 자유롭게 토론하게 되고 그 과정에서 각자 자신의 위치에서 해야 할 일, 할 수 있는 일들을 찾아내고 있다고 생각합니다.

토론 발표 수업

학교 현장에서 일어나는 사건, 사고가 궁금해요

🔲 학교 현장에서 일어나는 사건, 사고가 궁금해요.

🔲 뉴스는 끔찍하고 자극적이게 보도하는 면도 있는 것 같아요. 제가 육아휴직을 하고 있었을 때, 학교 상황을 누구보다 잘 알고 있는 교사이었음에도, 학교가 너무도 무섭고 걱정스럽게 보였어요. 심지어 복직을 앞두고 학교가 괴물 같은 학생들로 가득 차 있을 것만 같았답니다. 그래서 복직하던 날은 초임교사로 교단에 설 때보다도 더 두려웠었죠. 그러나 실제 학교에서는 명랑한 학생들이 반갑게 인사하며 맞이해 주었어요. 물론 학생들의 싸움으로 학폭위도 열리고, 누가 학교 화장실에서 담배를 피웠느니 어쩌니 선도위도 열렸지만, 여전히 교실에서는 까르르 웃음소리가 터져 나오고, 수업시간에 눈을 반짝이며 열심히 공부하고, 미래 자신의 꿈을 찾아 상담하는 진지한 학생들이 있는 곳이었습니다. 언론에 의해 학교가 많이 왜곡되고 있다는 걸 다시금 알게 되었답니다.

🔲 학교 폭력이 예전보다 심해졌나요?

🔲 예전엔 감히 상상하지도 못했던 일이 일어나기도 하죠.

하지만 저는 요즘 학생들의 폭력성이 더 커졌다고는 생각하지 않아요. 그런데도 요즘 학교폭력이 심하다고 느껴지는 건, 언론에 의해 학교폭력이 가십거리로 소비되듯 더욱 자극적으로 보도한다는 점도 있겠고요. 폭력에 대한 개념이 바뀌면서 작은 일도 그냥 넘어가지 않고 학교폭력으로 인지하여 자주 발생하는 것처럼 생각되는 것 같아요.

학교폭력이 심해졌든 아니든 그것보다 학교폭력에 어떻게 접근하느냐가 중요하다고 생각합니다. 학교에서는 정말 많은 방법과 프로그램과 캠페인을 통해 학교폭력이 일어나지 않도록 교육하고 있습니다. 그런데 우리들은 학교폭력에 대해 두려움을 느끼잖아요. 그 이유는 내가 폭력의 피해자라면 어떻게 행동해야 보호를 받을 수 있는지, 가해자는 정당한 처벌을 받을 수 있을지에 대한 확신이 없어서인 것 같아요.

저의 개인적인 견해는 가해 학생에 대해 제대로 된 처벌입니다. 현재 학교에서 폭력이 발생하면 대부분 봉사처분이 내려지거나 권고전학 조치가 취해집니다. 그나마도 졸업할 때는 생활기록부에서 기록이 지워져요. 약간의 장애가 있는 학생이었는데 학생들이 돌아가면서 놀리고 때렸죠. 강도가 점점 심해져서 바닥에 뱉은 침을 먹으라고 하거나 체육복을 빼앗아

입어 체육 시간에 혼나게 하고 급식판을 엎었습니다. 그런데 친해서 친 장난이었대요. 선생님의 오해라고 변명하는데, 저는 아직도 그 일을 잊을 수가 없어요. 폭력에 이 정도로 관대한 사회적 분위기가 분노스럽기까지 했습니다. 학교에서 약육강식을 무의식적으로 가르치고 있는 것은 아닌가 하는 생각까지도 들었어요.

학교 폭력이 안고 있는 문제는 폭력에 관대한 문화입니다. 잘못했을 때 잘못의 크기만큼 벌을 받는 것이 무엇보다 우선이어야 한다고 생각해요. 그래야 반성과 용서가 있을 것 같아요.

편 학폭위가 뭔가요?

김 학폭위는 '학교폭력대책심의위원회'를 줄여서 부르는 말입니다. 위원회는 학교 교사, 학부모 대표, 법조인이나 경찰, 의사 등의 외부위원으로 구성돼요. 학교에서 학생 사이에 폭력 사안이 발생하여 신고가 들어오면, 관련 학생들을 즉각 격리하고 사안을 조사하고, 관련 학생 학부모와 면담을 합니다. 이러한 내용을 종합한 학교폭력위원회를 개최하여 관련 학생들에 대한 조치를 결정합니다.

편 학교폭력이 일어나는 횟수가 잦은가요?

김 학교폭력위원회가 열리면서 학생들의 말과 행동에 대한 제재가 확실히 많아졌어요. 장난으로 때리고 맞는 건 이제 거의 없어요. 지금은 아주 작은 일도 다 이슈화해요. 뉴스에 나오는 사건들은 너무 큰 것들이라 충격적으로 느껴지지만 실제로 학교 폭력은 줄어들고 있어요. 그런데 사이버 폭력은 늘어나는 추세에요. 단체 카톡방 안에 초대해 놓고 왕따를 시키거나 언어 폭력를 가하는 것 등이죠. 페이스북에 서로 욕을 남기는 경우도 많아요. 신체적인 폭력은 줄어들지만 사이버 공간을 통해 감정을 표출하는 사이버 폭력이 심각해요. 학교에서 폭력이라고 규정하고 학생들을 선도하는 것은 신체폭력, 언어폭력, 금품갈취, 강요, 따돌림, 성폭력, 사이버 폭력 등입니다. 사소한 괴롭힘이나 학생들의 장난이라고 여기는 행위도 학교폭력이고요. 신고가 들어오면 무조건 조사해야 하고, 학교폭력 사안은 반드시 학교폭력대책자치위원회에 부쳐요. 보통 학기 초에 학교폭력이 많아요. 생활지도부 선생님들이 가장 바쁘실 때죠.

편 생활지도부 선생님들은 정말 바쁘시겠어요.

김 아주 바쁘세요. 사실 생활지도부 업무는 학폭위를 열어 징계를 주는 것만이 아니라 그런 일이 일어나지 않도록 예방 차원의 여러 가지 행사를 합니다. 그래서 수업과 담임 업무 이외에도 예방 교육과 프로그램을 준비하고 시행해야 돼요. 학교폭력 예방 교육은 월 1회 이상 연간 8시간 이상 실시합니다. 생명 존중, 성폭력 및 아동 학대 예방 교육, 약물의 오남용 예방 교육, 재난대비 및 교통안전 교육까지 하면 총 56시간 이상 반드시 하도록 정해져 있어요. 학폭위 사안이 발생하면 관련 학생들을 조사하고 학부모와 상담까지 해야 하니 정말 바쁘시죠.

직접 경험한 사례도 있나요

📧 직접 경험한 사례도 있나요?

🔲 크고 작은 일이야 학교에서 날마다 벌어지죠. 친구 지갑을 훔치거나, 화장실에서 여러 명이 한 명을 때리거나, 소위 빵셔틀처럼 금품 갈취가 일어나거나, 지속적인 왕따로 괴로워하는 등 학교에 있다 보면 정말 많은 일이 일어납니다.

한 번은 학부모님께 전화를 받았는데, B라는 학생이 A의 휴대폰을 빌려 가서 일주일째 돌려주지 않고 있다는 이야기였습니다. 학생들을 불러 이야기를 해보니 사실이었어요. 핸드폰을 빌려서 그 안의 데이터와 통화를 마음껏 사용한 거죠. A는 전학 온 지 얼마 안 되어 B라는 친구밖에 없었거든요. A는 친구를 잃을까 봐 달라는 말도 못 하고 있었던 거죠. 학급의 여러 아이를 불러 정황을 맞추어보니 B는 A뿐만 아니라 많은 다른 학생들에게 그런 식으로 돈이나 물건을 빌리고 안 갚는 아이였습니다. 당연히 B는 학교 학폭위에 올라갔고 벌을 받았죠.

또 한 번은 경찰서에서 직접 연락을 받고 경찰서를 찾아가 학생을 인계한 경우도 있었습니다. 길에 있는 자전거를 훔쳤는데 현장에서 주인에게 잡혔고 바로 경찰서로 간 거죠. 그런데 학생은 너무도 억울해했어요. 자기는 훔친 게 아니고 길에 자전거가 버려져 있길래 탄 것뿐이라는 거죠.

'風'을 읽을 때, 어른들은 '바담 풍'이라고 잘못 말하면서 학생들에게는 '바람 풍'이라고 바르게 읽으라고 하면 될까요? 학교폭력이란 것도 결국 어른들의 모습이라고 생각합니다. 강자가 약자를 힘으로 누르는 행동을 '어릴 땐 다 저렇게 자라는 거야.'라고 가볍게 보는 시선이나, 잘못을 저지른 아이를 쉽게 용서하고 봐주는 법 제도의 문제는 지금 어른들의 모습인 것 같아요. 어른들 스스로 사회 정의를 지키고, 잘못된 사람이 제대로 처벌 받고 용서 받는 사회가 될 때 학생들에게도 제대로 된 교육을 할 수 있지 않을까 생각합니다.

'위클래스'는 무엇인가요

편 학교마다 '위클래스' 라는 스티커가 붙어 있는 걸 봤어요. 그건 무슨 제도인가요?

김 위^Wee 프로젝트는 학교폭력, 자살, 우울, 중독, 학업중단 등의 위기를 조기에 발견하고 위기 상담을 하며, 나아가 필요하면 전문병원 및 심리치료 기관과 연계하거나 대안 교육과 연계하여 심리치료를 하는 제도예요. 각 학교는 Wee클래스를 설치하고, 그곳에는 늘 상담 선생님이 상주하죠.

편 위클래스 제도와 담임선생님은 어떻게 연계하나요?

김 담임선생님이 상담하다 좀 더 전문적인 상담이 필요하다고 생각되면 위클래스에 요청하기도 하고, 학생 스스로 상담실을 찾아가 상담받기도 해요. 상담의 비밀 보장 때문에 학생이 상담 내용을 비밀로 요청하면 상담선생님만 알고 계시기도 하고요. 상담 내용은 성적 고민, 친구 문제, 진로, 따돌림 등등 아주 다양합니다.

편 위클래스의 상담 교사는 일반 교사와 똑같은 공무원인가요?

김 네. 전문상담교사 자격증 소지자가 임용시험을 통해 전문 상담 교사가 돼요.

편 위클래스 제도나 생활지도부 선생님의 상담이 효과가 있나요?

김 예전에 저희 반 학생이 조울증을 심하게 앓았어요. 수업을 받을 수가 없었죠. 어느 날은 교실 바닥에 누워 있고, 기분이 너무 좋은 날은 교실을 뱅글뱅글 돌면서 뛰어요. 상태가 심각해서 학생의 보호자와 상담 선생님을 연결해 드렸고 학생은 병원 치료를 받게 되었어요. 그 후에 많이 호전되었고요.

참, 그리고 보건실도 학생들의 상담 창구로 항상 열려 있어요. 학생이 몸이 아플 때만 가는 게 아니라 비만, 성장, 성폭력 문제 등에 대한 상담을 보건 선생님과 나누더라고요.

학생들은 아무래도 성장하는 과정에 있으니까 좀 유연한 편이에요. 생각을 바꾸려고 노력하죠. 남학생 중에서는 힘을 과시하기 위해 폭력을 사용하는 경우도 있어요. 그럼, 상담 선생님이 "아니다. 네가 그렇게 행동한다고 해서 결코 강해 보이지 않는다."라고 인지시켜요. 상담 과정에서 생각을 바뀌는 학생들이 꽤 있는 것 같아요.

편 상담 선생님의 역할이 중요하겠네요

김 점점 더 중요해지는 것 같아요. 그런데 지금은 학교에 상담 교사가 한 명밖에 없어서 상담 선생님이 상담만 하는 것이 아니라 학교행사도 담당하고 각종 예방 교육 등도 하고 있어 바빠 보일 때가 있어 안타깝더라고요.

전에 근무한 학교에서 상담 선생님이 한 달에 백 건 이상 상담하시는 것을 보고 놀랐습니다. 직접 대면 상담뿐만 아니라 전화 상담도 꽤 되었고, 담임 교사나 학교에 말하지 못하는 어려운 점도 상담 선생님에게 이야기하는 경우도 종종 보았고요.

바쁘고 힘들어도 웃는 얼굴로 상담실에서 맞이해주시던 상담 선생님이 꽤 인상적이었습니다.

스마트폰 문제는 어떻게 하나요

편 학교에서 스마트폰 문제는 어떻게 하나요?

김 심각하죠. 학생들이 스마트폰에서 떨어지는 게 너무 힘들대요.

편 제가 최근에 초등학교 학예회를 갔는데 강당에 앉아 있는 초등학생들이 스마트폰을 들고 팀플레이 게임을 하더라고요. 스마트폰 문제가 심각하게 느껴졌어요.

김 몇 년 전까지만 해도 교실에서 휴대폰을 수거했어요. 조회 때 수거하고 하교할 때 나눠줬죠. 그것에 대해 학생들도 크게 불만은 없었어요. 그런데 최근에는 쉬는 시간에 "선생님, 저 한 번만 보면 안 될까요? 확인할 게 있어서요."라고 말하는 경우가 점점 많아지더라고요. 잠시라도 스마트폰을 사용하지 않으면 불안한 증상을 보이는 경우가 많아요. 학교마다 스마트폰 사용 자제에 대한 수단을 취하고 있어요. 이건 학생들과 학교, 부모님 다 함께 고민해야 할 문제예요.

교사가 좋아하는 학생은 어떤 학생인가요

⊞ 교사가 좋아하는 학생은 어떤 학생인가요? 반대로 학생들은 어떤 선생님을 좋아해요?

김 선생님들은 예의 바른 사람을 좋아하는 것 같아요. 보통 선생님들은 공부만 잘하면 예뻐한다고 생각하기 쉬운데 사실은 아니에요. 선생님도 사람인걸요. 친절하고 예의 바르고 인간적인 따뜻함을 가진 학생을 좋아하는 건 어찌 보면 당연할지도 몰라요. 학생들의 경우도 비슷할 거예요. 수업만 잘한다고 선생님을 좋아하진 않아요. 좋은 수업과 더불어 선생님의 인간성을 중요하게 생각하죠.

독서 토론

교사를 그만두고 싶다고 느낀 적이 있나요

편 교사를 그만두고 싶다고 느낀 적이 있나요?

김 아직 없어요.

편 다른 선생님들께서는 어떠세요?

김 3~4년 전에 학교 현장의 교권 문제를 뉴스에서 엄청 심각하게 다룬 적이 있었어요. 그때 많은 선생님이 명예퇴직 신청을 하셨어요.

편 자세하게 듣고 싶어요.

김 예전에 옆 반 선생님은 규칙이 매우 엄하셔서 책상에 앉는 자세며 말하는 어투며 하나하나 지적하시는 분이셨어요. 그 선생님은 30년간 교단에서 지켜 오신 원칙을 중요하게 생각하셨어요. 그런데 점점 학생들은 선생님의 지도를 들으려고 하지 않고 엇나가는 행동을 했죠. 특히 그해의 반 학생들은 심하다 싶을 만큼 생활 태도가 좋지 못했어요. 몇 년간 쌓아져 온 피로감도 있으셨겠죠. 내가 학생들을 지도할 능력이 부족하다고 느끼셨는지 명예퇴직을 신청하셨어요.

스트레스는 어떻게 해소하세요

편 스트레스는 어떻게 해소하세요?

김 수다로 많이 풀어요. 별별 이야기를 다해요. 학교에서 있었던 일을 다 풀어낼 때도 있고요. 교사가 다른 집단과의 접점이 없으니까 이야기가 밖으로 잘 안 새거든요. 하나의 장점이죠. 같은 일을 하니까 서로 공감하고요. 저는 도서관 사서 선생님과 이야기를 많이 했어요. 제가 문 여는 소리만 들어도 무슨 일이 있었는지 아실 정도였으니까요. 제 이야기를 들어주는 선생님과 한 시간 동안 실컷 이야기하고 나면 다음 시간 기분 좋게 수업에 들어갈 수 있었답니다.

편 여성이 많은 직업군이라 그런 거 아닐까요?

김 그럴 수도 있지만 새로 들어오는 남자 선생님들과도 이야기가 잘 통해요. 교사들은 기본적으로 말하는걸 좋아하는 것 같아요.

기억에 남는 학생이 있나요

편 기억에 남는 학생이 있나요?

김 부모님의 이혼으로 아버지와 둘이 살던 아이였는데 아침에 지각이 너무 잦아 아침마다 모닝콜을 해주다가 결국은 집 앞까지 가서 매일 함께 등교했어요. 꼭 졸업시키고 싶었거든요. 아버지의 간절한 바람도 있었고요. 한번은 학교에 찾아오셔서 집안 사정을 다 이야기하시고 아이에게 해줄 수 있는 것이 많지 않지만, 학교만큼은 꼭 졸업시키고 싶다고 하시더라고요. 그러나 아버지는 지방에 내려가 집을 비우는 일이 많다 보니 아이의 생활관리가 제대로 되지 않았죠. 수업 듣는 걸 무척이나 힘들어하고 그렇다 보니 수업 태도도 바르지 못해 상담실에 부탁하여 여러 번 상담 받기도 했어요. 겨우겨우 출석 일수를 맞추어 졸업할 수 있었는데, 졸업식 날 기뻐하시던 학생의 아버지 모습이 기억나네요.

물론 좋은 기억만 있는 건 아니에요. 교사라면 누구나 초임 때의 학생들을 많이 기억할 거예요. 저도 정말 미숙했던 것 같아요. 초임 첫해, 우리 반에 학교 일진이 있었어요. 무서운 아이였죠. 선생님들에겐 예의 바르고 싹싹하게 굴지만, 학생들에겐 아주 무서운 아이였어요. 그땐 그저 나쁜 길에 빠진 착한 아이를 구하고 싶다는 생각을 했던 것 같아요. 그 아이에 대해 사랑과 관심으로 지극 정성을 다했죠. 상담도 많이 하고요. 그런데 그 학생이 나중에 친구를 때리는 폭력을 저질렀어요. 학폭위에 올라가서 부모님까지 오시게 되었고 결국 처벌의 받게 되었습니다. 저는 약간의 배신감도 느꼈어요. 아이의 손을 붙잡고 가슴 속의 슬픔을 누르며 이야기했어요.

"내가 너와 정말 많은 대화를 나누었는데 네 마음이 변하지 않는 걸 보니 선생님 마음이 너무 아파."

그 아이가 제 이야기를 듣더니 눈을 치켜뜨면서 이렇게 말했어요.

"저도 선생님을 겪어보니까 다른 선생님과 별반 다르지 않던데요?"

그 말이 어찌나 큰 충격이었던지 몰라요. 저는 다른 선생님과 달리 정성을 쏟았으니 아이는 달라질 거라고 자만했던 것 같아요. 그건 사랑이 아니라 제가 유능한 교사라고 인정받고 싶었던 거였구나 하는 생각에 너무도 부끄러웠습니다.

제가 학생을 지도할 때 스스로 묻는 게 있어요. '이 대화가 아이를 위해서 하는 걸까, 내 만족을 위해서 하는 걸까?' 내가 교사로서 의무적으로 하는 건 아닌지, 또는 '선생님은 너와 이렇게 대화해 주니까 좋은 사람이란다.'라는 자기만족의 의미가 있는 건지, 늘 스스로 물어요.

제게는 15년간 매년 스승의 날이 되면 찾아오거나 연락을 주는 학생이 있어요. 이제는 대학교도 졸업하고 취직해서 결혼하고 아이도 낳았죠. 학교에서 공유한 기억보다 졸업 후에 공유한 기억이 더 많은 학생인데, 이제는 가족 같아요. 항상 제 마음 속에 떠올리며 건강하게 잘 살아가기를 기원한답니다.

기억에 남는 선생님 이야기도 들려주세요

편 기억에 남는 선생님 이야기도 들려주세요.

김 교직 15년 차가 넘어갈 때 학교생활이 힘들다고 느껴졌어요. '내가 나이가 들어 학생들과 대화할 수 없게 되면 어쩌지?'라는 불안함이 있었죠. 더 공부해서 대학으로 옮길까, 교육공무원 시험을 다시 볼까 하는 생각이 조금씩 들 때였어요.

아마 이 책을 읽으시면 본인인 걸 알고 웃으실 것 같은데, 정년 퇴임이 몇 년 안 남으신 선생님이 계셨어요. 그 어렵다는 물리 과목 선생님이고, 연세도 많으셨어요. 그런데 많은 학생이 그 선생님을 너무 좋아하는 거예요. 교무실에 앉아 있으면 복도에서 이런 소리가 들려요. 선생님께 장난처럼 선생님 성함을 부르고 "사랑해요"라고 소리치고 막 뛰어가는 소리요. 장난인 듯하지만 진심이 담긴 목소리였기에 듣는 것만으로도 좋았어요. 한두 명이 아니었어요. 남학생, 여학생 상관없이 모두들 그랬고, 심지어는 그런 분위기에 편승해 선생님 중에도 그 선생님께 농담도 자연스럽게 건네시는 분들도 많았죠. 그 선생님께서는 친근하게 다가오셨고, 그 어떤 상대라도 무심한 듯 따뜻하게 챙겨주셨죠. 사실 물리 과목이 엄청 어렵잖아요. 포기하는 학생들

도 많고요. 그런데 우리 학교는 매년 물리학과에 진학하는 학생
이 있었어요. 그 학생들이 찾아와서 뭐라고 하냐면, "선생님 수
업시간에 배운 내용을 대학교에서 똑같이 배워요. 그 수업내용
을 아는 애는 과학고 나온 애랑 저밖에 없어요." 학생의 말 속에
서 선생님 수업에 대해 자부심이 느껴졌어요.

물론 그게 다는 아니에요. 선생님은 "얘들아, 공부를 못해
도 잘 살 수 있어. 공부가 인생의 전부는 아니야." "그런 학생
들이 사회에 나가면 더 잘 살아요."라는 말을 입에 달고 사세
요. 공부를 잘하든 못하든 칭찬도 많이 해 주시고, 학생들과 정
말 격의 없이 지내시는 분이죠. 선생님은 항상 학생들에게 둘
러싸여 계셨죠. 한번은 기타를 교무실에 가지고 오셔서 연주도
해주셨어요. 오다가다 한 학생이 기타에 관심을 보이니까 선생
님은 무심한 듯 자신의 기타를 쳐 보라고 주시며

"내가 항상 여기에 둘 테니까 와서 편하게 해 보렴."

그 후에는 선생님의 기타가 교무실의 한 자리에서 그 학생
을 항상 기다리고 있었죠.

그 선생님을 보면서 '아무리 나이가 들어도 학생들과 소
통할 수 있는 사람이 될 수 있다!'는 확신을 하게 됐죠. 학생과
교사 모두의 진정한 형이자 오빠이신 선생님이셨어요.

교사로서 가진 가장 아름다운 기억이 있나요

편 교사로서 가진 가장 아름다운 기억이 있나요?

김 수업에서 학생들과 하나의 커다란 공감을 이루어낼 때, 그 순간이 참 좋죠. 미당 문학상, 소월 문학상을 받은 문태준의 시 「가재미」라는 작품을 가르칠 때였어요. 병실에서 죽어가는 그녀를 가자미로 표현 한 시였어요. 저는 "그녀가 엄마라고 생각해보자."라고 하며, 나는 죽어가는 엄마를 계속 바라보는데, 엄마는 가자미처럼 눈을 한쪽으로 해서 죽음만을 바라본다고 설명했죠. 제게 큰 감동이 된 시를 뜬금없이 학생들에게 가르쳤어요. 교과서에도 없고 수능에도 나오지 않지만, 수업시간에 이 시를 같이 공부하다가 학생들이 저와 함께 펑펑 울었어요. 순간 그 작가의 아픔이 우리에게도 전해진 거죠. 누구에게나 있는 정서, 그것을 노래하는 시인, 그 감성을 공감한 수업을 잊을 수가 없어요.

학생들과 만남도 참 소중합니다. 우리 학교에 온 교생 중 한 명이 제가 가르친 학생인 거예요. 이런저런 대화를 나누게 되었죠. 처음에는 대학 생활에 관해 이야기하다가 뜬금없이 1학년 때 이야기를 했어요. 혼자 교실에 남아서 공부를 하는데 제가 지나가다 교실로 들어와 먼저 이야기를 건넸대요. 이 친구가 공부를 잘 하는 학생이었는데 성적이 떨어져 고민하고 있었나 봐요. 어떤 말을 했는지 기억은 나지 않지만, 그때 먼저 다가와 말을 건네준 그 일을 기억하고 있더라고요. 조금이나마 힘이 되어주고 싶다는 저의 마음이 전해진 거겠죠. 7년이 지나도 그 일을 기억하고 다시 꺼내 이야기한다는 건 그 시간 동안 아이의 마음속에 씨앗이 자랐다는 말이니까요.

편 말씀을 들어보니까 선생님을 학교 선생님으로만 한정할 게 아니라 대학 시절, 직장, 결혼 후에도 인생을 교류하는 동지로 생각하면 좋겠어요. 살아가면서 늘 필요한 게 친구잖아요. 학생들도 선생님에게 좋은 친구가 되고, 선생님도 성인이 되어 긴 인생을 살아갈 학생들에게 좋은 친구가 되어 주고요.

김 맞아요. 저도 가끔 상담을 빙자하여 저의 고민을 학생들에게 털어놓을 때가 있어요. 그럼 학생들이 말해줘요. "선생님, 인생은 그런 거예요."라고 함께 깔깔 웃죠. 그럴 때 교사가 되길 잘했다고 생각해요.

교사 직업을 잘 표현한 작품을 추천해 주세요

편 교사 직업을 잘 표현한 영화나 소설 등의 작품을 추천해 주세요. 학생들에게 좋은 참고자료가 될 것 같아요.

김 전 세계 많은 나라에서 교육을 소재로 한 영화를 만들었습니다. 『홀랜드 오퍼스』, 『로빙화』, 『마지막 수업』, 『지상의 별처럼』, 『라자르 선생님』, 『디태치먼트』 등이 있습니다. 어려운 환경 속에서도 꿈을 찾아 주는 선생님의 헌신과 학생들의 이야기가 담겨 있습니다. 교직을 꿈꾼다면 한 번씩 찾아보는 것도 좋을 것 같아요.

　아무래도 『죽은 시인의 사회』는 잊을 수가 없네요. 세월이 흘러 변했다고는 하지만 제가 고등학생 때 느꼈던 사회나 교사가 되어서도 느끼는 사회가 비슷하기 때문일까요. 잘못된 세상에서 숨통을 느끼게 해주는 문학 키팅 선생님의 수업은 시의 아름다움뿐만 아니라 사회로의 외침에 용기를 내게 힘이 되어준 것 같아요. 가장 소심했던 학생이 가장 큰 용기를 내며 '오 마이 캡틴'이라고 외칠 때의 감동은 언제고 잊지 못할 것 같아요.

중등
교사가
되는
방법

교사가 되는 방법을 알려 주세요

편 교사가 되는 방법을 알려 주세요.

김 소설가가 되기 위해 꼭 국문과를 나와야 한다거나 은행에 근무하기 위해 회계학과를 나와야 하는 건 아니죠. 그런데 교사는 반드시 사범대학을 졸업하여 정교사 2급 자격을 취득해야 해요.

취득한 교원 자격증이 있으면 국공립학교의 교사가 되기 위해 국가에서 시행하는 임용시험을 보고요, 사립학교의 경우 사립학교에서 정한 시험에 근거하여 채용됩니다. 공립이든 사립이든 교사가 되기 위해서는 이 교원 자격증이 있어야 합니다.

편 임용시험은 지역별로 응시하나요? 주소지 기준이에요?

김 상관없어요.

편 근무를 희망하는 지역에 응시해서 시험을 치르면 되는 거군요.

김 전국적으로 같은 날, 같은 시간에 시험을 치르기 때문에 반드시 한 지역을 선택해야 해요.

편 혹시 추천 지역이 있나요?

김 우선 자신이 살고 있는 곳에 시험을 치는 것이 가장 좋겠죠. 그런 것을 상관하지 않고 전체적으로 본다면 경기도가 공립 교사를 많이 뽑아요. 인구가 많아서 학교가 많으니까요. 서울도 많이 선발하지만 희망하는 수험생이 많다 보니 경쟁률이 높고요. 왜냐하면, 지방에서 임용이 되면 서울로 발령이 나진 않거든요.

편 절대 안 돼요?

김 네. 경기도 시험을 봐서 합격하면 경기도 내의 학교로만 발령이 나요. 그런데 교사가 되고 나면 도간교류라고 해서 서울의 교사가 제주도에서 근무할 수 있어요. 다만 제주도의 교사가 서울에서 근무하고 싶다고 신청하여 서로 맞바꾸어야 가능하죠.

학창시절에 잘해야 하는 과목이나 분야가 있나요

편 학창시절에 잘해야 하는 과목이나 분야가 있나요?

김 모든 과목을 다 잘 해야 되요. 교육대학교 또는 사범대학 입시를 준비하는 학생들은 고등학교 1학년 첫 시험부터 준비를 잘 해야 되요.

교육대학이나 사범대의 입학 성적이 높다 보니 성적이 우수해야 하는 것은 물론이겠지만, 출결로 대표되는 성실도나 전과목이 골고루 우수한 것들을 요구하는 것 같아요. 그리고 교과성적뿐 아니라 면접에서 교직 인성, 적성을 보는 학교가 많습니다.

보통 국어국문학과 보다 국어교육과 입학 성적이 높은 경향을 보입니다. 또한 교직을 생각하는 학생들이 성실하다는 특징이 있어서 출결이나 학교 활동 참여도도 높은 편이고요.

사범대학을 졸업하지 않았다면 교사가 될 수 없나요

편 만약에 사범대학을 졸업하지 않았다면 교사가 될 수 없나요?

김 방법이 있습니다. 일반 학과에서 교직 이수를 하거나, 교육대학원을 졸업하면 정교사 2급 자격을 취득할 수 있어요. 예를 들면 국어국문학과나 경영학과 같은 일반학과에 다니면서 교직을 이수하면 됩니다. 이때 모든 학교와 학과에서 교직 이수가 되는 것은 아니라서, 교직 이수가 되는 학교와 학과인지 반드시 확인해야 합니다. 사범대학도 아니고 교직 이수도 못 했다면 대학을 졸업한 후 교육대학원에 진학하면 됩니다.

편 늦게라도 교원이 되고 싶다면 교육 전문 대학원에 진학하면 되겠네요. 교원 자격증은 전공 분야에 따라 주어지나요?

김 그렇죠. 교원 자격증에 표시된 과목에 한하여 시험을 볼 수 있습니다.

편 국문과 나왔는데 과학 교사를 할 순 없다는 말씀이시죠?

김 네. 제가 국어교육과를 졸업하여 국어 정교사 자격이 있는 상태에서 영어 교사 시험이나 과학 교사 시험에 응시가 안 돼요. 그래서 대학생들이 학교에 다닐 때 다른 과목으로 복수 전공하여 교원 자격을 2개 취득합니다. 국어교육과이면서 영어교육을 복수 전공하면 국어와 영어 두 과목에서 시험 자격이 주어집니다. 사범대학 모든 과목의 입학점수대가 높은 이유가 그런 복수 전공이 좀 더 유리하기 때문인 것 같아요.

실제로 국어 선생님 중에 학부에서 가정교육을 전공했는데 국어를 복수전공 하고 국어 교사가 된 분들도 계세요. 복수전공의 개념이 단순히 한 가지를 더한다는 게 아니라 교육 과정 전체를 전공자와 똑같이 배워요. '가정교육학과를 나왔는데 국어 선생님이 된 거면 실력이 부족한 것 아니냐?' 라는 질문이 있겠죠. 하지만 결코 아니에요. 대학의 복수전공을 통해 전학과 과정을 똑같이 배우니까요.

교육 비용은 얼마나 들어요

편 교육 비용은 얼마나 들어요?

김 일단 4년제 대학교를 나와야 하니까 4년 대학 등록금 학비가 들어가죠. 서울대학이나 국립대학이 사립대학보다 학비가 저렴한 편입니다.

자신이 원하는 과목 학과가 모든 사범대학에 있는 것은 아닙니다. 또한 사범대에 입학하지 않고 일반 학과에서 교직 이수를 하고자 할 때, 교직 이수가 모든 대학에 있는 건 아니어서 입학 전에 반드시 확인해야 해요.

대학 입학 후, 임용시험을 개인적으로 준비하기 때문에 학원 강의나 인터넷 강의를 듣게 되면 강의료와 교재비가 들 것입니다. 만약 교육대학원을 졸업해서 교사의 길로 가고자 한다면 대학원 학비까지 들겠죠.

교원 임용시험이 많이 어렵나요

편 교원 임용시험을 통과하는 건 바늘구멍을 통과하는 거랑 똑같다고 들었어요. 어떻게 통과해요?

김 일단 정교사 2급 자격증을 취득하면 시험 준비의 출발선에 선 거예요. 경쟁이 치열한 건 사범대학과 교직 이수자의 졸업생 수보다 교사 임용 수가 적기 때문이에요. 2024학년도 임용시험 국어과 경쟁률은 11.4:1이었더라고요. 그래도 국어 과목은 선발인원이 많은 편인데 영어 수학을 제외한 나머지 과목은 뽑는 인원이 적으니 경쟁률이 더 높을 수밖에 없겠죠. 심지어 안 뽑은 과목의 경우, 마냥 기다려야 해요.

편 시험 과목은 어떻게 되나요?

김 시험이 보통 11월에 있는데 그 전에 한국사능력검정시험 3급 이상의 자격을 보유해야 응시할 수 있어요. 1차 시험 과목은 교육학, 전공과목인데, 둘 다 서술형입니다. 1차에 합격하면 교수·학습 지도안작성, 수업 실연, 교직 적성 심층 면접과 미술이나 체육처럼 실기가 필요한 과목의 실기시험이 있습니다.

편 대학에 입학하면서부터 임용시험을 놓고 경쟁하는 거네요.

김 사범대학의 경우 교과목 자체가 국어 교과 교육론, 독서 교육론, 작문 교육론, 국어 교과교재연구 및 지도법, 한국문학의 이해, 훈민정음의 이해, 국어사, 고 소설교육론, 현대 시의 이해 등 전공과목과 교육철학, 교육사회학, 교육심리학, 교육공학, 교육행정 등의 교육학 수업을 받는데, 이 과목들이 결국 임용시험 범위가 돼요.

교사라는 같은 목적을 향해 공부하지만, 경쟁자라고 생각하기보다 함께 꿈을 이룰 사람들이라고 생각했던 것 같아요. 저는 스터디가 큰 힘이 되었는데, 서로의 지식을 공유하고 토론하면서 내용을 정리하고 또한 힘들거나 슬럼프가 올 때 나를 이끌어주는 힘이 되었죠.

임용시험 경쟁률은 어느 정도예요

📝 임용시험 경쟁률은 어느 정도예요?

🧑 10대 1 정도 될 거예요.

📝 과목마다 다르지 않아요?

🧑 국어교사는 많이 뽑아서 이 정도 되고요. 가정이나 지리 과목은 뽑았다, 안 뽑았다 하니까 경쟁률이 엄청나죠. 1명만 뽑을 때도 있고, 지역에 따라 어느 지역은 아예 안 뽑을 때도 있고요.

📝 가장 많이 뽑은 과목은 국어, 영어, 수학인가요?

🧑 맞아요. 사회와 과학의 경우 전체적인 숫자는 많은데 분야를 세분화해서 뽑기 때문에 뽑은 인원도 적게 느껴져요. 과학은 물리, 화학, 생물 등으로 나눠서 각각 따로 뽑거든요. 사회도 마찬가지로 일반사회, 지리, 역사 이런 식으로 뽑죠.

📝 어떤 변화가 없을까요?

🧑 수학이 더 많아질 것 같아요. 세상이 변하고 있으니까요.

편 제2외국어는 어떤가요?

김 그 과목은 정말 조금 뽑아요. 제2외국어는 일본어와 중국어 빼고 거의 다 사라졌어요. 오래된 사립학교의 경우 불어나 독어와 같은 과목은 그 교과의 선생님이 퇴직하면 과목도 없어질 거예요.

편 중국어 수요가 늘어나지는 않을까요?

김 수요는 많지만, 영어만큼 많지는 않을 거예요. 교육과정이 어떻게 편성되느냐에 따라 다르겠지만, 중국어나 일본어는 제2외국어니까요.

스승의 날

중등교사 중에 상위권 대학교 출신이 많나요

편 중등교사 중에 상위권 대학교 출신이 많나요?

김 한국 전쟁이 끝나고 국가 기틀을 잡아갈 땐 초등교사는 교대, 중등교사는 서울대처럼 국립대학 사범대를 졸업한 사람이 100% 교사가 되었어요. 산업이 엄청 발전하던 시기엔 교사가 워낙 박봉이어서 서로 교사를 안 하려고 했다는 이야기를 들었어요. 그 시대에 교사하는 분은 교육에 깊은 사명감을 가지셨을 것 같아요. 그래서 연세가 있는 선생님들은 거의 서울대학교를 비롯한 국립대학 출신이시더라고요.

그러다 1991년부터 정교사 2급 자격증을 가진 사람을 대상으로 선발시험을 치르게 됩니다. 그렇게 되자 서울대 출신보다 다양한 대학 출신 교사들이 많아졌어요.

어떤 사람이 교사가 되면 좋을까요

편 어떤 사람이 교사가 되면 좋을까요?

김 일단 사람을 만나는 것을 좋아하고, 다른 사람에게 도움을 주는 것을 좋아하는 사람인 것 같아요. 또한, 학생들의 가능성을 믿는 사람이요. 저는 사범대학을 나왔으니 선배, 후배, 동기 중 대다수 교사가 되었어요. 그런데 3년 정도 있다가 그만둔 경우를 보았는데, 교사생활을 너무 힘들어했어요. 학생들을 보면서 '내가 이렇게 열심히 가르치는 데, 왜 아직도 이걸 모르지? 어떻게 모를 수 있지?' 하며 답답해했어요. 이해하지 못하는 학생을 원망했을 수도 있고, 잘 설명하지 못하는 자신을 자책했을 수도 있겠죠. 그게 쌓이고 자꾸 마찰이 일어나니까 힘들어하다가 결국 교사를 그만두고 진로를 완전히 바꾸어 수능시험을 다시 본 경우가 있었어요. 결국, 교사는 학생과 끊임없이 많은 대화를 하고 소통을 하는 직업이다 보니, 교사가 되고자 하는 학생들은 우선 사람 만나는 걸 좋아해야 해요. 사람을 만나서 대화하는 걸 기질적으로 피곤해하는 사람도 있어요. 그런데 교사는 학생들과 끊임없이 에너지를 주고받아야 하니까 사람을 좋아하는 게 가장 중요한 역량이에요. 안 그러면 정말 로봇처럼 교탁에 서서 딱딱하게 읊고 나가는 수밖에 없죠.

또 하나는 생각이 유연한 것도 중요한 덕목일 것 같아요. 학문도 변하고 세상의 가치관이 변하고 무엇보다 학생들이 변해요. 언제나 3월이면 입학식을 하고 5월에 중간고사, 7월에 기말고사, 여름방학. 이런 식으로 매년 변함없는 스케줄로 생활하지만 매년 만나는 학생들은 단 한 번도 같은 사람이 아니에요. 그 변함없는 생활 습관 속에 가장 많이 변하는 학생과 계속 교류하기 위해서는 그 누구보다 변화를 알고 적응하는 노력이 필요한 것 같아요. 제가 2001년 3월에 처음 교단에 섰는데, 2001년생이 고등학교를 졸업하고 사회의 구성원으로서 그 역할을 하는 나이가 되더라고요.

직업 교사가 맞지 않는 사람은 누굴까요

편 같은 맥락의 질문인데요. 교사가 맞지 않는 사람은 누굴까요?

김 혼자 일하는 걸 좋아하는 사람은 힘들 것 같아요. 예를 들어 혼자 심도 있게 연구에 몰입해서 무언가를 발견하고 결과를 만드는 사람이요. 사실 교실에서 학생들을 가르치는 건 고도의 지식을 생산해내는 게 아니라 일반적인 지식을 잘 전달하는 일이거든요. 제가 똑같은 수업 준비를 해도 1반부터 5반까지 수업 내용이 다 달라요. 또 관용이 부족한 사람은 이 일에 적합하지 않은 것 같아요. 내 생각이 옳다는 너무 강한 신념을 지닌 경우 생각이 다른 학생과 대화가 안 되죠. 겉으로야 선생님이 강하게 주장하니까 학생들이 듣는 것처럼 보이지만 사실은 아니잖아요. 귀를 닫고 무시하죠. 그런데 그것 또한 선생님들이 다 느끼거든요. 그런 일이 자꾸 반복되면 교사 스스로 상처 입고 힘들어지는 것 같아요.

청소년기에 어떤 경험을 하면 좋을까요

편 청소년기에 어떤 경험을 하면 좋을까요?

김 보통은 학교와 선생님에 대해서 좋은 기억을 가진 사람이 교사 직업을 선택해요. 교사가 되기 위해서 어떤 준비를 하고 싶다면 어린이 책 읽어주기 봉사활동을 권해요. 그리고 가정 형편이 어려운 학생들의 멘토가 되어 학습 도움을 주는 봉사 활동도 있고요. 유치원이나 초등학교 저학년 학생들과 놀아주는 놀이 봉사활동도 좋다고 생각해요.

학교에서 멘토링 활동도 많이 하고 있습니다. 친구들과 스터디 그룹을 만들어 함께 공부하면서 학습을 도와주는 것이죠. 때로는 교육 동아리를 통해서 교수학습 방법을 연구하고 시연해 보는 활동을 해 볼 수도 있구요.

어떤 청소년들이 교사를 꿈꾸면 좋을까요

편 어떤 청소년들이 교사를 꿈꾸면 좋을까요?

김 특별히 어떤 사람이 교사가 될 수 있는 건 아닌 것 같아요. 누구든지 다 할 수 있어요. 다만 중요한 한 가지가 있어요. 인간의 긍정적인 변화에 대한 확신이요. 내가 올바른 철학을 가지고 누군가를 가르친다면 그는 반드시 좋은 방향으로 성장할 거라는 확신이 이 일에 필요해요. 인간에 대한 긍정적인 확신을 가진 사람이 좋은 교사가 될 거고요, 원래 그런 생각을 하는 사람들이 교사가 되기도 해요. 교사는 사람을 정말 많이 만나는 직업이에요. 그래서 내 눈앞의 한 사람 한 사람에 대한 존중과 믿음이 중요해요. 인간에 대한 끊임없는 관심과 신뢰와 믿음이 좋은 교사가 되는 가장 중요한 역량이라고 생각해요.

단순히 보기에 쉽게 잘릴 일 없는 안정된 직장이고, 방학이 있어서 자유로워 보여서 교사가 된다면, 앞에서 말씀드린 것처럼 너무 힘들어서 그만두게 되겠죠. 그만두게 되더라도 빨리 그만두면 다행인데 그만두기 어려운 지점에 가서 적성에 안 맞는다고 생각이 들면 학교 가는 것이 누구보다 힘들 거예요. 등교 거부 선생이 되는 거죠.

중등
교사가
되면

임용 시험에 합격하면 바로 선생님이 되나요

편 임용 시험에 합격하면 바로 선생님이 되나요?

김 예. 합격하면 신규교사연수를 받고 발령이 납니다. 가끔 발령 대기가 나기도 하고요.

편 최근에 발령 대기 중인 예비 선생님이 많아서 문제가 됐었죠?

김 한 때 임용시험에 합격하고도 발령 대기 중인 선생님이 5천 명을 넘는다고 해서 놀란 적이 있었죠. 그때만큼 많은 수는 아니지만, 여전히 임용시험에 합격하고도 발령 대기인 교사들이 꽤 되는 것으로 알고 있어요. 정년퇴직은 정해져 있으니 예측할 수 있고, 매년 학교에서도 명예퇴직 신청을 받기 때문에 명예퇴직 가능 여부가 신학년도 정해지기 전에 발표돼요. 그리고 학생 수도 예측이 가능하잖아요. 그런데도 발령 대기가 많다는 건 문제가 있는 것 같아요.

그래서 요즘 대학에서 입학생을 뽑을 때 정원 감축을 하는 추세이긴 합니다. 하지만 교사당 지도할 학생 수를 낮추거나, 교과 교사뿐만 아니라 보조 교사나 상담 교사, 특수 교사 등의 역할도 커지는 상황이기에 여러 가지 고려할 사항이 많다고 여겨지네요.

변화하는 학교의 기능과 역할, 수업 방식의 변화 등을 생각해 볼 때 지금까지 있었던 방식이 아닌 다른 방식으로 변화해야 하는 분기점에 와 있는 것 같아요.

학교 축제

선생님 연봉은 얼마인가요

편 선생님 연봉은 얼마인가요?

김 교사 경력 20년 차가 되니 약 6천만 원이었어요.

편 초임 연봉은 얼마 정도인가요?

김 사범대학을 졸업하고 임용이 되면 9호봉부터 시작되는데 보통 초봉이 2,600만 원 정도 됩니다. 저는 첫해에 150만 원 정도 받았어요. 좀 충격이었죠. 고등학교를 졸업해서 대기업에 취직한 제 친구는 입사 3년 차에 연봉 5천만 원을 받았거든요. 지금은 사회 경제적 상황이 아주 어려워서 교사의 연봉 정도면 훌륭하다고 하지만 예전 선배 교사들은 많이 힘들어하셨던 것 같아요. 대기업과의 연봉 차이가 많이 났으니까요.

편 자녀 학자금 지원 같은 제도가 없나요?

김 없어요. 그런 다른 복지는 없습니다.

유치원·초등학교·중학교·고등학교 교원 등의 봉급표

(월 지급액, 단위: 원)

호봉	봉급	호봉	봉급
1	1,806,700	21	3,377,600
2	1,861,400	22	3,502,200
3	1,916,900	23	3,625,800
4	1,972,200	24	3,749,800
5	2,028,000	25	3,873,600
6	2,083,600	26	3,997,900
7	2,138,700	27	4,127,500
8	2,193,500	28	4,256,800
9	2,247,400	29	4,392,000
10	2,285,900	30	4,527,800
11	2,324,400	31	4,663,100
12	2,384,200	32	4,798,300
13	2,492,800	33	4,935,600
14	2,601,800	34	5,072,400
15	2,710,700	35	5,209,500
16	2,819,900	36	5,346,000
17	2,927,700	37	5,464,800
18	3,040,700	38	5,583,700
19	3,152,900	39	5,702,800
20	3,265,300	40	5,821,200

비고: 유치원·초등학교·중학교·고등학교의 기간제교원에게는 제8조에 따라 산정된 호봉의 봉급을 지급하되, 고정급으로 한다. 다만, 「교육공무원법」 제32조제1항제4호에 따른 기간제교원의 봉급은 14호봉을 넘지 못하며, 「교육공무원임용령」 제13조제2항에 따라 시간제로 근무하는 기간제교원으로 임용된 사람에게 지급하는 월봉급액은 해당 교원이 정상근무 시 받을 봉급월액을 기준으로 하여 근무시간에 비례하여 지급한다.

출처: 공무원보수규정(국가법령정보센터)

근무 시간은 어떻게 돼요

편 근무 시간은 어떻게 돼요?

김 법에 정해진 대로 하루 8시간 근무가 기본이에요. 고등학
교의 경우 8시 출근에 4시 퇴근이지만 학생들도 8시 등교해서
4시에 하교하니, 교사의 경우 학생보다 일찍 등교하고 학생보
다 늦게 퇴근합니다. 점심시간도 근무 시간에 포함되고요. 그
래서 점심시간에 밖에 나가 식사하려면 학교장의 허락을 받아
야 해요. 학교 행사 준비에 따른 추가 근무는 시간 외 근무를
사전에 결재 받고 수당을 받는데, 수업 준비는 시간 외 근무에
포함이 안 돼요. 늦게까지 교무실에 남아 일하는 건 자유지만
수당과 관련된 추가 근무는 합당한 이유에 대한 사전 결재를
받아야 합니다.

휴가나 복지제도는 어떤가요

편 휴가나 복지제도는 어떤가요?

김 일단 주 5일 근무고요. 주말에 일하라고 부르지 않아요. 상급자가 교사에게 시간 외 근무를 함부로 지시하지 않는다는 것이 이 직업의 매력이라고 생각해요.

제가 가장 좋다고 생각하는 복지제도는 육아휴직 제도에요. 법에 분명히 명시되어 당연한데도 불구하고 다른 기업체에서는 제대로 지켜지지 않죠. 공무원은 법에서 보장하는 권리를 당당하게 요구할 수 있으니까 좋아요.

편 육아휴직 3년을 다 쓰게 되면 월급은 어떻게 되나요?

김 첫해에는 육아수당이 나와요. 나머지 2년은 무급이고요. 아빠의 육아휴직을 보장하는 법도 만들어졌어요. 그래서 요즘은 남자 선생님들도 육아휴직을 사용해요. 제 남편도 교사여서 두 아이 각각 1년씩 육아휴직을 했어요.

정년과 노후 대책은 어떻게 되나요

편 정년과 노후 대책은 어떻게 되나요?

김 정년은 62세입니다. 2015년에 공무원연금법이 바뀌었어요. 매달 보험료를 36년간 내고, 연금 개시는 65세부터입니다. 교사는 퇴직금과 연금 중에 어느 것을 받을 것인지 선택합니다. 만약 퇴직금을 받으면 받은 만큼 연금이 줄어 들어요. 36년간 모두 보험료를 내고 정년퇴직을 하게 되면, 지금 퇴직하시는 분들은 약 300만 원, 최근에 임용된 선생님들의 연금은 175만 원 정도 될 거라고 들었습니다. 교사는 겸직금지로 영리활동을 따로 할 수 없어서 노후는 연금이나 연금저축 등으로 준비합니다.

편 선생님의 노후 대책은 어떻게 되시나요?

김 아직 구체적으로 생각해 보지는 못했지만, 주변 선생님들을 보면 고민하고 계시더라고요.

정년까지 학교에 있어서 연금을 모두 납입한다고 하면, 일단 연금으로 생활하게 될 것 같네요.

편 연금 받으며 어떤 생활을 하고 싶으세요?

김 크게 욕심내지 않는다면, 저는 부부 교사니까 연금으로 생활하는 데 어려움을 겪을 것 같지는 않아요.

그런데 40여 년 가까이 활동적인 일을 하다가 집에 있는 거면 힘들 것 같아요. 연금 외에 일정 금액 소득이 생기면 연금 액수가 적어지게 된다고 하더라고요. 그래서 퇴직하신 선생님들을 뵈면 대부분 봉사직이나 소일거리를 하시는데, 저는 활동적인 일을 하고 싶거든요. 그래서 은퇴 후 어떤 일을 할지 여러 생각을 해보게 됩니다.

정년퇴직하신 선생님들은 뭐 하시나요

편 정년퇴직하신 선생님들은 뭐 하시나요?

김 정년퇴직 이후에 오래 사는 공무원 수를 조사했더니, 교사가 평균 77세로 나오더라고요. 그럼 퇴직 후 15년 정도 사는 거잖아요. 여행하시는 분도 계시고, 작가 활동이나 강의하시는 분들도 계세요.

지금 퇴직하신 선생님들은 비교적 연금액이 높은 편이어서 정년퇴직하시고서는 편하게 생활하시는 것 같아요. 작은 소일거리나 봉사 활동도 많이 하시고요.

교사 일을 하다가 다른 분야로 진출할 수 있나요

편 교사 일을 하다가 다른 분야로 진출할 수 있나요?

김 장학사가 되어서 교육 행정 쪽으로 빠지는 게 공식적인 방법이고요. 공부를 더 많이 해서 교수가 되는 분들도 있고요.

편 EBS 강의 공고는 따로 나오나요? 그렇게 되면 부수입이 생기는 거죠?

김 EBS 강의자를 뽑는다는 공고가 나와요. 수입은 강의료만 있는 게 아니라 본인이 쓴 교재비에 대한 인세도 있어요.

교사도 승진하나요

편 교사와 교장 선생님, 교감 선생님은 어떤 관계인가요? 교사도 승진하나요?

김 교사가 다른 직업과 다른 점 중의 하나가 승진이 없다는 거예요. 임용될 때 교사로 시작하여 퇴직할 때까지 교사로 있죠. 시험을 통해 교감, 교장, 장학사 등이 되기도 하지만, 그것은 승진의 개념이라기보다는 역할의 변화라고 볼 수 있습니다. 교감 선생님 업무부터는 행정일 중심이어서 수업을 하지 않아요.

교장 선생님은 학교의 최고 책임자로서 학교에서 일어나는 모든 일을 계획하고 관리하시죠. 거의 모든 회의에 참석하시고요. 학교로 들어오는 모든 공문을 보고 결재합니다. 교사, 학생, 학부모, 그리고 교육청과 교육부와의 연계도 교장 선생님을 통해 이루어집니다. 교감 선생님은 교장 선생님과 일을 함께 하는데요, 그중에서도 주로 학교에서 일어나는 일들을 중심으로 조정하는 일을 해 주세요. 교사들의 담임선생님이라고 표현하는 게 맞는 것 같아요. 교사 신변의 개인적인 일을 상담하거나 부서별 업무 조정을 요청하는 일들이 교감 선생님을 통해 이루어지죠. 이 외에도 제가 모르는 더 많은 일을 하실 거예요.

예전에는 교사가 교장의 명을 받아야 한다는 개념이 있었
대요. 그런데 지금은 법의 명을 받아 일 한다고 바뀌었어요.
교장 선생님이 어떤 업무를 지시했는데, 그게 법률에서 정한
게 아니면 교사는 그 일을 안 할 권리가 있어요. 교사가 교장
의 부하라거나 명령을 받아 일하는 수직 관계가 아니라 각자
학교에서 맡은 영역이 다른 존재라고 생각합니다.

편 직업을 통해 자신의 비전을 찾길 원하는 사람에게는 좀 지
루한 일일 수도 있겠어요.

김 역동적인 걸 좋아하는 사람은 그렇게 느낄 수도 있어요.
교사로 들어가서 교사로 퇴직하는 거니까요. 초임 교사와 30
년 된 교사가 하는 일이 똑같아요. 이런 평등이 교사라는 직업
의 장점이자 단점인 것 같아요.

편 교장 공모제도 있던데 공모제로 뽑는다는 건 공무원이 아
니어도 된다는 건가요?

김 그렇진 않아요. 학교별로 자격을 정하는데, 교장 선생님
을 공모하는 것이니 교사 경력이 있어야 학교와 교육을 잘 아

는 분을 선발하겠죠. 학교 분위기를 좀 더 생동적으로 바꾸고 싶을 때 공모제를 시행합니다.

편 '내가 교육 현장을 바꾸고 싶다, 교육 현장에 무언가를 펼치고 싶다.'라는 목표와 꿈을 가진 교사라면 결국 교장 선생님이 되어야겠어요.

김 교장 선생님이 되면 할 수 있는 일이 많아지니 그럴 수도 있겠죠. 하지만 선생님들은 다양한 방법과 모임을 통해 교육 현장의 변화를 가져오기 때문에 반드시 교장이 되어야 할 수 있다고 생각하지 않아요. 입시 제도를 바꾼다거나 초등 6년, 중학교 3년 고등학교 3년의 학제를 바꾸거나 하는 거시적인 변화는 직접 할 수는 없겠지만, 교사들의 입장에서 할 수 있는 수업방법 개선이랄지, 동아리 활성화나 학생자치 활성화 등은 학교 내 소모임이나 뜻을 함께하는 선생님들의 모임을 통해 의견을 교환하기도 합니다.

편 장학사가 되는 시험은 따로 있나요?

김 별도 공고가 나와요. 시험을 볼 자격은 교직에서 5년 이상 근무해야 하고, 필기와 면접시험이 있습니다.

교사의 일과는 어떻게 되죠

편 교사의 일과는 어떻게 되죠?

김 학생들의 등교 시간이 8시면, 그보다 20~30분 일찍 가서 학생을 맞이할 준비를 하죠. 담임일 경우 8시에 교실에서 학생 출결을 확인하면서 학생들을 살펴보고 그날의 전달사항을 알려줍니다. 그리고 8시 20분이 되면 1교시 수업이 시작되어 4시까지 7교시 수업을 진행해요. 4시에 수업이 끝나면 종례를 하면서 학생들의 교시별 출결 상태를 확인하고 가정통신문이나 가정에 전달할 사항을 알려주고요. 학생들이 하교하면 약 30분 정도 교실에 남아서 청소 지도를 합니다. 교실과 특별실 청소는 학생들이 조를 짜서 청소하는 데 부득이한 경우를 제외하고 대부분 함께합니다. 교실 정리가 끝나면 교무실로 들어와 학급 일을 정리하고 기록해요. 사실 학교 일과 시간 안에 수업준비와 행정 업무, 상담 등을 다 하는 건 어려워요. 그래서 학교 일정이 끝나고 나면 수업 준비를 하거나 미처 처리하지 못한 공문을 정리하고 학부모와 학생들의 상담도 합니다. 추가로 학생들 동아리 활동을 지도하거나 방과 후 수업, 야간 학습 감독이 있는 날도 있고요.

편 수업은 보통 몇 시간 정도 하나요?

김 7교시 중에 보통 3~4교시 정도 수업이 있어요.

편 국어 선생님이셔서 그런 건 아닐까요?

김 아니에요. 거의 모든 선생님이 비슷해요. 그래서 담임선생님의 업무가 가중되죠. 수업과 행정 업무보다 담임 업무가 더 많다고 느껴질 때가 있어요. 늦게까지 교무실에 남아 못다한 업무와 학생 상담을 하죠. 그래서 학교에서는 담임을 맡은 선생님들의 행정 업무를 줄여주려고 하지만 쉽게 되지 않더라고요.

편 교사는 학생 또는 학부모 상담을 몇 시간 이상 하라고 정해 놓은 규정은 없나요?

김 정해진 시간은 없어요. 하지만 상담은 수시로 많이 해요. 보통 학기당 1회씩 학부모와 학생들의 개별 상담을 합니다. 그리고 학기가 끝나갈 때쯤 학생들을 대상으로 전체 상담을 하죠. 그러나 상담은 수시로 해요. 제가 학생을 불러 이야기할 때도 있고, 학생들이 찾아와 상담할 때도 있고요. 상담이 일과 중에 수업만큼 이루어지는 것 같아요.

방학 때 뭐하세요

편 방학 때 뭐하세요?

김 보통 방학을 하면 3~4주 정도 방과 후 수업이 있어요. 자율학습실도 매일 개방되어 돌아가면서 감독도 서고요. 방과 후 수업을 하고 보통 1~2주 정도 남는데 그 시간을 이용해 그동안 다니지 못한 병원 진료를 받거나 개인 업무를 봅니다. 저는 그 시간을 이용해 평소 보고 싶었던 영화를 보거나 미술관을 가거나 친구들을 만나요.

편 방학이 기니까 여행이 딱 좋겠어요.

김 특히 역사 선생님이나 지리 선생님들은 여행을 자주 가세요. 계획 짜기도 좋고요. 국내 여행도 많이 하죠. 교사는 영화, 연극, 미술관 관람 등 문화생활을 많이 할 수 있어서 좋아요. 그런 걸 좋아해서 교사가 된 건지, 교사를 하다 보니까 문화생활을 좋아하게 된 건지는 모르겠네요.

미래가 교사에게
교사가 미래에게

미래의 학교는 어떻게 바뀔까요

편 미래의 학교는 어떻게 바뀔까요?

김 지금보다 역동적으로 바뀔 것 같아요. 일반 고등학교의 작은 변화 중 하나는 동아리 활성화예요. 이렇게 활성화된 계기가 수시 전형의 비교과 영역 때문이기도 하지만, 학생들의 다양한 관심과 활동을 요구하는 요청과 맞아 떨어지기 때문이기도 해요. 학내 동아리가 정말 많이 생겼어요. 공식적인 동아리도 있지만, 자율 동아리라고 해서 학생들끼리 만들어서 운영할 수도 있어요. 학생들이 주제를 잡아서 토론 동아리를 운영하거나, 과학 실험 동아리, 자신이 좋아하는 미술, 스포츠와 관련된 동아리, 지역사회와 연계된 봉사 동아리 등 정말 다양해요.

학교 축제가 되면 그 어느 때보다 학생들 눈빛이 반짝거려요. 동아리 회장단의 회의와 학생 자치회는 여러 번에 걸쳐 회의하며 축제를 엽니다. 스스로 기획하고 준비하고 운영한다는 것이 학생들을 더욱 활기차게 만드는 것 같아요. 그러한 모습을 보면 학생들이 스스로 할 수 있는 일들이 사실은 더 많고, 강한 의지도 있다는 것을 볼 수 있어요. 앞으로 우리의 교육은 이렇게 학생 스스로 탐구하고 협의하고 만들어내는 방향으로 나아가리라 생각합니다.

편 학생과 학교의 다양한 활동이 5년, 10년 뒤의 교육 현장에 긍정적인 변화를 가져올 거로 생각하세요?

김 그럼요. 다들 느끼고 있겠지만, 이 시대에 단순한 지식을 정확하게 전달하는 것을 교육의 목표로 하기에는 이미 너무 많은 정보가 넘쳐나는 사회로 바뀌었어요. 이러한 정보 중에서 나에게 필요한 정확한 정보를 찾아내고 나의 것으로 만들어내는 능력을 길러 나가는 것이 교육의 방향으로 되겠죠.

이럴 때 필요한 것이 가치인 것 같아요. 무엇을 정보라 할 것인지, 무엇이 사실이고 진실인지 판단할 수 있는 가치관을 세우는 것은 정보들의 단순 조합으로 만들어지지 않으니까요. 이제 교육의 큰 패러다임이 바뀔 때이고, 학생들은 그 길을 잘 찾아갈 수 있으리라 믿습니다.

인구 감소와 학교의 문제는 어떻게 보세요

🔲 인구 감소와 학교의 문제는 어떻게 보세요?

🔲 학교의 학급 수가 엄청 줄고 있어요. 서울의 고등학교는 한 학년에 8개 반이 평균인데, 2~3년 이내에 6개 반으로 줄어들 것 같아요. 시간이 갈수록 더 빠른 속도로 학생 수가 줄어들걸요. 교육 당국에서는 고민할 거예요. 학급당 학생 수를 줄여서 학급 수를 그대로 유지할 건지, 아니면 학급당 학생 수는 그대로 두고 학급 수를 줄일 건지. 현재는 학급 수에 따라 학교 교사 배치가 이루어지기에, 학급 하나가 없어질 때마다 평균 2명 정도의 선생님이 빠져요. 학급 수 변동이 교사 수급과도 연관되어 있답니다.

🔲 서울에 있는 보통의 초등학교는 1학년을 기준으로 할 때 4개 학급이 있어요. 이게 중고등학교로 고스란히 옮겨지겠죠. 그럼 고등학교도 학생 수가 지금보다 반으로 줄어드는 거죠.

🔲 대학교도 심각한 문제에 직면할 거예요. 현재 대학교 모집정원이 고등학교 졸업생 수보다 많아요. 수치상으로는 100% 대학 진학이 가능한 거죠.

편 이미 서울 안에도 문을 닫는 초등학교가 있죠.

김 있어요. 이번에 은평구의 은혜초등학교가 폐교신청을 했어요. 서울도 이러한데 전국적으로 보면 폐교된 학교와 폐교될 위기의 학교들이 점점 늘어나고 있습니다.

지난해 광진구 화양초등학교가 문을 닫았으며 올해는 서울 도봉고등학교, 성수공업고등학교, 덕수고등학교가 폐교 수순을 밟는다. 12일 한국교육개발원(KEDI)의 '2024~2029년 학생 수 추계' 자료를 보면 전국 초·중·고교생 수는 올해 513만 1천218명에서 2026년 483만 3천26명으로 줄어 500만 명 선이 무너질 전망이다.

– 연합뉴스 2024년 2월 13일 기사 中

편 교사의 숫자도 인구 절벽에 맞추어 줄어들 수밖에 없지 않나요?

김 그래서 지금 수급 문제 맞추는 게 굉장히 어려운 것 같아요.

학생들 수가 줄어들면 교육의 질은 더 올라가나요

편 학생들 수가 줄어들면 교육의 질은 더 올라가나요?

김 학급 당 학생 수는 일단 적어져야 한다고 생각해요. 학급 당 스무 명 이내일 때 수업의 질이 가장 높아요. 30명 이상이면 학생들 한명 한명을 살피기는 어렵다고 생각합니다. 그런데 학급당 학생 수를 지금보다 줄이면 그만큼의 늘어난 교실을 운영하고 교사를 채용하는 사회적 비용이 들 거예요. 소위 교육 선진국이라는 나라들처럼 15명 안팎으로 학생 수를 줄이면, 그 사회적 비용을 어떻게 해결할 것인지 사회적 합의가 이뤄져야죠.

카페형 자율학습실

교사가 필요 없는 세상이 올까요

편 교사가 필요 없는 세상이 올까요?

김 능숙하게 아이패드를 터치하며 게임을 하듯 지식을 익히는 우리 집 꼬마를 보았죠. 어느 순간 우리 삶 속으로 깊숙하게 들어온 AI로 저도 "학교는 앞으로 계속 존재할 것인가?"하고 생각해 본 적이 있어요. 그런데 아이는 저에게 묻더라고요. "엄마는 왜 엄마야?", "나는 왜 태어났어?", "엄마는 내가 왜 좋아?" 하는 존재에 대해 질문을 했어요. 이것은 결코 아이패드 터치로 알게 되는 것이 아니라 인간 대 인간의 교류와 공감을 통해서만 이해할 수 있는 질문이라고 생각합니다. 그동안 이런 부분을 간과하여 놓치고 있었다면 이제라도 존재에 대한 물음에 대한 답, 그리고 공동체에서 만들어내는 조화와 가치 중심으로 바뀌기 위해서 교사라는 존재가 절대적으로 필요하다고 생각해요.

학교 제도가 처음 만들어졌을 때, 누구에게나 평등한 보통교육을 지향했죠. 아마도 국가라는 틀이 존재하는 한 학교는 보통 교육이라는 그 역할을 하리라 생각합니다. 만약 사회적으로 합의가 된 평등한 교양 교육 없이 오로지 사적인 영역으로 교육을 빼게 되면, 국민들의 교육 수준의 격차가 너무 벌어져서 사회적 갈등이 심각해질 것 같아요. 배운 사람과 못 배운 사람의 차이가 너무 벌어지는 거죠. 우리 사회는 이미 대학교 격차 하나만으로도 거기에서 파생되는 심각한 문제들을 안고 있잖아요. 그런데 초등학교 교육부터 다 차이가 난다고 생각해 보세요. 수많은 사회 문제들을 해결하기 위해 교육 비용보다 더 많은 사회적 비용을 지출해야 할 거예요.

특히나 국가가 교육의 소외지역까지 놓치지 않고 교육을 제공해 주는 게 우리 사회의 격차 해소에 좋을 것 같아요. 특정 계층의 교육이 무너진다는 건 그들의 미래가 무너지는 걸 의미해요. 그래서 학교 교육은 시대와 상관없이 필요할 것 같아요. 그리고 학교라는 공간도 계속 유지될 것 같아요. 100년이 지나도요. 단순히 수업을 듣는 공간이 아니라 학생들이 서로 공감하고 다양한 활동을 교류하는 장이 되겠죠. 미래에는 그런 플랫폼이 더욱 중요하잖아요.

편 저는 이 책을 읽는 학생들과 함께 고민하고 싶어요. 사실 교사는 성적이 최고 좋은 학생들만 될 수 있어요. 서울대학교에 진학할 정도의 실력이 있어야 교사가 되는 거죠. 이 학생들이 학교 현장에서 선생님의 역할을 해요. 그런데 우리가 앞에서 계속 말했듯 이제 학교는 지식전달을 주목적으로 하는 게 아니라 다양한 의미들을 제공하는 정류장이 되어야 하잖아요. 그런데 성적 위주로 뽑는 교사진, 학교의 의미 변화, 학생들이 맞이할 시대의 변화. 이 균형을 어떻게 찾아가야 할까 다 같이 고민하면 좋겠어요. 학교가 학생들에게 다양한 의미로 다가가지 않으면 학교를 중심으로 한 교육제도가 형식만 남지 않을까요? 사실 교사 인력은 본인이 공부를 잘 해서 지식을 전달하는 데 훨씬 능숙한 사람들이니까요.

김 적극적으로 동감합니다. 학생들은 이미 교사보다 이 사회와 미래를 정확히 읽고 있다고 생각해요. 교실에서 얌전히 앉아 있지만, 선생님보다 많이 알고 있는 지식도 있고, 그것을 발표하는 표현력도 더 가지고 있어요. 옛날의 선생님은 모든 걸 다 알고 있어서 우리가 하나부터 열까지 모두 배울 수 있는 존재였다면, 이제 그런 구분이 무의미해지고 있어요. 교사라면 학생과 함께 배우고, 같이 대화하면서 그것에 담긴 의미를 찾고 가치를 창조해 나가는 마음이 중요할 것 같아요. 누구보다 교사는 시대와 사회의 변화에 동참할 수 있는 유연한 마음이 있으면 좋겠어요. 어른인 교사가 먼저 변해야 한다고 생각합니다.

교사로서 미래에 대해 어떤 고민을 하나요

편 교사로서 미래에 대해 어떤 고민을 하나요?

김 무엇을 가르치고 어떻게 가르쳐야 하는지를 고민해요. 이
제 교사와 학교는 단순한 지식 전달이 아니라 지식을 연결하
는 걸 가르쳐야 해요. 교실에서 선생님들도 많이 시도해요. 국
어 수업을 사회 선생님 또는 과학 선생님이랑 연계해서 진행
하는 거죠. 과학 지문에 양성자에 대해 나오잖아요. 사실 국어
영역에서도 양성자 지문을 공부하거든요. 이해가 안 되면 제
가 과학 선생님을 찾아가서 질문하고 설명을 들어요. 내가 이
해한 게 맞는지 해당 과목의 선생님과 다시 확인하고 학생들
에게 설명하죠. 이런 융합은 선생님들이 이미 시도하고 있어
요. 더 과감하게 시도하는 학교도 생기겠죠. 대입 제도 아래의
정규 수업에는 못하니까 방과 후 수업이나 동아리 활동의 형
태로 많이 해요.

한때 스토리텔링 수학이 유행했었죠? 수학을 말로 풀어
서 설명하는 건데 그런 것도 학문과 지식 융합의 예로 볼 수
있어요.

편 '가까운 미래에 직업의 80% 없어진다.'는 관망에 대해 어떻게 생각하세요? 교실에서 미래를 위해 공부하는 학생들의 미래와 결부되어 있어서 질문 드려요. 교사는 무엇에 초점을 맞추고, 공부하는 학생들은 무엇을 위해 공부해야 할까요?

―

한 연구에 따르면 우리나라 일자리 가운데 341만 개가 AI에 의해 대체될 가능성이 큰 것으로 나타났다. 의사와 한의사, 전동차 기관사, 공학 관련 기술자 등 정보통신업이나 전문 과학기술 등 생산성이 높은 산업군이 해당한다. 대면 접촉이 필요하고 사람과 사람 사이에 관계를 형성하는 게 중요할수록 AI로 대체되지 않을 거란 분석이다. 또 연구는 AI 기술에 대한 수요 외에 사회적 기술이나 의사소통 능력 등 소프트 스킬이 앞으로 더 중요할 것으로 전망했다.

― mbn 2024년 4월 25일 자 기사 中

김 학교수업은 보편적 지식을 배우는 곳이에요. 초, 중, 고 12년을 배워 80년을 살아갈 기본 지도를 그리는 거죠. 솔직히 미래가 어떤 모습으로 펼쳐질지 저도 모르겠어요. 'A로 가서

B를 하면 C가 나오고 D가 될 수 있다'는 것이 진짜 그러한지 장담할 수 없는 세상이 되고 있어요. 어떤 직업이 사라질지 또 생길지 아무도 모르잖아요.

하지만 분명한 건 기초 학문이 바탕이 되어야 한다는 것, 인간 사회를 살아가는 구성원으로서 협력하는 방법을 연습해야 한다는 것, 지식과 지식을 융합하여 새로운 지식으로 창조하는 방법을 실험해 봐야 한다는 것 등이죠. 이제 학교의 교사와 학생은 단순 지식 전달과 경쟁이 아닌 공동체 협력과 가치 창조를 해 가는 교육에 눈을 돌려야 한다고 생각합니다.

편 학생들의 미래에 대해서 낙관하세요?

김 그럼요. 지금보다 훨씬 좋은 세상이 될 것이라고 확신합니다. 아니 꼭 그렇게 만들어갔으면 좋겠어요. 오지 않은 것이고, 예측하기 어려운 미래이기 때문에 겁이 많이 나겠지만, 분명 학생들과 함께 만들어갈 미래는 기대해 볼만 하다고 생각합니다.

미래가 교사와 교사 지망생들에게 무엇을 요구할까요

편 미래가 교사와 교사 지망생들에게 무엇을 요구할까요?

김 지식 전달의 시대는 이미 끝났어요. 현재 학교의 구성원은 지식을 연결하는 능력, 사람과 사람 사이의 공감과 소통하는 능력을 더 강조하는 방향으로 바뀌고 있죠. 현장은 바뀌었는데 아직 제도화가 안 됐을 뿐이에요. 예전에는 제도가 현장을 이끌었다면 이제는 현장이 제도를 끌어내고 있는 시대죠. 이러한 흐름과 가치를 아는 교사가 필요합니다.

편 올바른 지식을 서로 연결하고 많은 사람과 소통하는 능력을 키우려면 가장 중요한 게 경험 아닌가요? 내 관심사를 피부로 실감하고 그걸 학생들에게 전달하는 게 의미 있을 것 같아요.

김 교사는 그리고 교사가 되려는 사람은 끊임없이 배워야 해요. 학생들은 더 많이 알고 있거든요. 예를 들어서 정철의 「관동별곡」에 관동 팔경이 나와요. 이미 학생들 중에는 관동 팔경을 여행코스로 다녀온 학생들이 있어요. 그런데 교사가 책에 나와 있는 내용만으로 수업하는 건 너무 진부하죠. 여행을 다녀와서 자료를 가진 학생들에게 선생님이 오히려 물어봐요. "거기 갔더니 느낌이 어땠어?" 선생님의 지식은 절대적 지식이 아니거든요.

물론 교실 안에는 관동이 뭔지도 모르는 학생도 있어요. 정철이라는 사람을 태어나서 처음 들어본 학생도 있고요. 어떤 학생은 엄마와 함께 관동 팔경을 여행하고, 어떤 학생은 관동이 어딘지도 모르는 학생이 함께 있는 곳이 교실이에요. 그래서 시대와 미래가 빠른 속도로 변화하더라도 공교육이 교육의 제일 밑바탕을 반드시 받쳐줘야 한다고 생각해요.

교사가
들려주는
공부
잘하는 방법

146

공부를 잘한다는 건 어떤 건가요

편 교사 입장에서 학생이 공부를 잘한다는 건 어떤 건가요?

김 공부를 잘한다는 것은 2가지가 있을 때인 것 같아요. '배움의 호기심', '탐구의 지속성'이요.

공부를 잘하는 학생들의 공통점이 있어요. 호기심, 즉 앎의 즐거움을 가지고 있다는 것이죠. 운동장에서 축구하는 학생은 왜 할까요? 재미있으니까요. 공부도 마찬가지일 것입니다. 공부의 즐거움을 가지고 있기 때문이죠. 성적을 올리기 위해서, 좋은 대학을 가기 위해서, 이번 성적이 오르면 선물을 받으니까 하는 것들은 진짜의 즐거움을 주지 못해요. 공부하는 것 그 자체가 즐거울 때, 그때 비로소 진짜의 공부를 하게 되고 그러면 공부를 잘하게 됩니다.

인간은 누구나 호기심이 있다고 생각해요. 성적이라는 숫자에 지레 겁내지 말고, 배움 그 자체로 받아들였으면 좋겠어요.

두 번째는 지속성, 그러니까 성실이라고 생각합니다. 몇 번이고 공을 차보는 연습을 해야 슛을 넣을 수 있듯이 성실하게 연습하고 정리하는 것이 공부의 지름길입니다.

학습 능력이 타고나는 재능은 아닌가요

편 학습 능력이 타고나는 재능은 아닌가요?

김 재능도 있겠죠. 제가 축구를 잘 못하는 것처럼 말입니다. 공부도 조금만 공부해도 성적이 잘 나오는 사람도 있겠죠. 하지만 고등학교 과정까지의 학습은 보편적인 내용이기에 재능의 영역이라기보다는 성실의 영역이라고 생각됩니다. 그리고 학년이 올라갈수록 이전 학년의 내용이 잘 뒷받침해 주어야 다음 단계의 학습으로 성장할 수 있어요.

예를 들어 구구단이 안 되면, 곱셈뿐 아니라 나눗셈 연산도 어렵고, 소인수 분해나 배수, 약수가 안 되고, 점차 함수가 어려워지고, 미적분이 안 되겠죠. 각 단계의 개념과 학습 연습이 필요하다는 것입니다.

의외로 사회 과목이 어려운 이유는 국어 어휘가 탄탄하게 안 되어 있기 때문일 때가 많아요. '분지', '이촌향도', '도농 간 격차'와 같은 어휘를 알고 있을 때와 아닐 때 학습의 이해도가 달라지겠죠. 그래서 어려서부터 책을 꾸준하게 읽으라고 하는지도 모르겠네요. 어휘를 늘리는 것, 앉아서 글에 집중하는 자세는 성실로 만들어집니다.

10대 시절에 꼭 공부해야 하는 이유는 뭘까요

편 10대 시절에 꼭 공부해야 하는 이유는 뭘까요?

김 일단 10대에 뇌가 발달하기 때문이고, 이때 학습한 것이 인생에 가장 길고 깊게 영향을 미칠 수 있기 때문입니다. 봄에 씨앗을 뿌려야 가을에 수확할 수 있듯이 말입니다.

신체와 뇌가 성장하면서 종합적이고 논리적인 사고를 할 수 있도록 만들어지는 시기가 10대입니다. 10여 년의 시간 동안 배운 것으로 평생 살아갈 지식의 기본을 만드는 거죠.

우리는 20세를 어른으로 인정하고 권리와 함께 의무를 요구하잖아요. 사회의 구성원으로서 자신의 역할을 해 내기 위해 배우는 토대가 10대이기 때문이라고 생각합니다.

행복한 삶과 학업을 어떻게 조화시켜야 할까요

편 에너지 넘치는 10대 청소년들이 자신의 행복한 삶과 학업을 어떻게 조화시켜야 할까요?

김 학생들을 보면 하고 싶은 것도 많고, 알고 싶은 것도 많고, 만나고 싶은 사람도 많은 것 같아요. 그래서 에너지 넘치죠.

배움의 기쁨이 아니라 성적이라는 숫자에 얽매여 자신을 불행한 순간으로 몰아넣는 모습도 보일 때가 있고, 그냥 모든 것을 포기하고 공부는 들여다도 보지 않으려고 하는 모습을 할 때도 있지요. 현명했으면 좋겠어요.

공부와 취미를 조율할 수 있는 것도 연습을 해야한답니다. 어쩌면 학생일 때뿐만 아니라 어른이 되어서도 직장 생활과 개인의 휴식을 균형 잡을 수 있어야 하는데, 그건 학생 시절부터 배워야 하는 것이 아닐까요. 스무 살이 되는 1월 1일 0시부터 그런 능력이 짠하고 생기는 것이 아니니까요.

중간고사 시험 기간에는 평소에 좋아하는 게임을 줄이고 공부에 시간을 더 쓴다든지, 시험 후 하루 이틀 정도는 즐겁게 놀기만 한다든지 하는 자신만의 방법을 찾아가는 용기를 내었으면 좋겠어요. 연습이 필요합니다.

명문대, 의대로 쏠리는 현상을 어떻게 바라보세요

편 특정 대학교와 특정 학과로 쏠리는 현상을 어떻게 바라보세요?

김 학교에서 공부 좀 한다고 하면 학생들의 진로 희망은 '의사'이고, 옆에서 지켜보는 사람들은 '의대가 목표니?'라고 물을 정도죠. 우스갯소리로 전국의 대학은 '의대'와 '비의대'로 나누어진다는 말이 있을 정도죠.

그러다 보니 유아와 초등학교 학생 때부터 선행 학습의 선행 학습을 하고 있으니 공부하는 학생이 행복해 보이지 않아 안타까울 지경이에요. 의대니, 명문대니 하나만을 위해 20년이라는 시간을 선행 수업과 경쟁에 몰아넣는다는 것이 너무 무서운 폭력으로 느껴집니다.

공부를 잘하고 싶은 학생들에게 조언해 주세요

편 교사로서 많은 학생을 관찰하시잖아요. 공부를 잘하고 싶은 학생들에게 조언해 주세요.

김 세 가지로 나누어서 말씀드릴게요. 만고의 진리 중의 하나가 책을 많이 읽어야 해요. 정말 다양한 분야의 책을 많이 읽어요. 왜냐하면, 시험이라는 건 결국 사회에서 사용하는 언어거든요. 시험을 잘 보려면 사회의 언어로 쓰여 있는 책들을 많이 봐야 해요. 흔히 고전이라고 말하는 데 사회적인 사고와 언어로 되어 있기 때문에 많이 읽을수록 체계적인 사고에 익숙해져요. 내가 사회 공부를 잘하고 싶은데 사회적 갈등, 사회적 합의 등과 같은 사회 용어를 모르면 공부를 아무리 열심히 해도 잘 할 수가 없어요. 책을 많이 읽는다는 건 그런 어휘력을 배경지식처럼 공부한다는 의미일 거예요.

인간은 본능적으로 책 읽는 즐거움을 타고 나는 것 같아요. 어린아이를 지켜보면 대부분 책을 좋아해요. 어떤 지식과 세계를 접하기 위한 가장 쉬운 매체인 것 같아요. 책을 다양하고 즐겁게 읽는 습관으로 이 세계에 대한 풍부한 배경 지식을 쌓아 올리고, 그 배경지식으로 인해서 학습 능력이 한 단계 뛰어 올라가는 거죠. 공부를 잘하고 싶다면 관련된 분야의 다양한 책을 읽으라고 조언해 주고 싶어요. 책 읽는 게 어렵다고 느끼는 학생들에게 저는 만화책도 좋다고 이야기해요. 초등학생이 읽는 만화책도 좋아요. 우선 책을 만나서 책을 읽기 시작하는 노력이 정말 중요합니다.

두 번째는 아주 어렸을 때부터 책상에 오래 앉는 연습을 해야 돼요. 진부한 이야기로 들릴 수도 있겠지만 이 연습 없이는 명문대학교에 진학할 수 없어요. 물론 학습은 양보다 질이라서 한 시간을 하더라도 제대로 집중해서 하는 게 중요해요. 그런데 그 한 시간을 제대로 공부하기 위해서는 무수한 연습이 필요해요. 책상과 의자를 아주 편하게 느끼는 연습을 하라고 조언해 주고 싶어요. 책상을 편하게 느껴서 자연스럽게 공부하는 습관을 익히는 게 중요해요. 어린아이를 키우는 부모님께 저는 책상을 사주라고 권해요. 식탁이나 밥상이 아니라 내 책상에 앉아서 책을 읽고 공부하는 게 좋아요.

고등학생이라면 학교에서 많은 공부를 하는 게 좋아요. 저는 독서실보다 교실의 공부 환경이 좋다고 생각해요. 물론 독서실이 어두워서 집중하기 편할 수도 있지만, 학교는 학생이 8시간 이상 머무르는 곳이잖아요. 여기서 공부가 안되면 다른 곳에서도 당연히 잘 안되죠. 물론 100명 중에 한두 명은 정말 학교 이외의 장소가 더 편할 수도 있어요. 지하철같이 시끄러운 곳에서 공부가 잘 되는 학생들도 있잖아요. 그런 학생이 아닌 이상은 학교에서 오랫동안 앉아 있는 게 중요해요.

세 번째로 추천하고 싶은 건 잘 먹고 잘 자야 해요. 성적이 안 좋은 학생들의 특징 중 하나가 체력이 약하다는 거죠. 엄마들이 놓치는 것 중 하나가 아이의 건강 상태예요. 몸이 안 좋아서 집중이 안 되는 건데, 무조건 공부하라고 학원에 보내고 과외 선생님을 붙여요.

미래의 공부 체력을 위해서 어렸을 때는 운동을 많이 하면 좋겠어요. 적어도 초등학교 6학년까지 축구나 농구 등 몸을 많이 쓸 수 있는 운동을 해서 기초 체력을 다지는 게 좋아요. 학교에서 공부 잘하는 학생들을 보면 점심시간에 나가서 축구를 한 경기를 뛰고 들어와요. 그런데 공부를 못하는 학생들은 쉬는 시간에 게임을 하죠. 체력은 체력대로 나빠져서 몸도 계속 비만해지고요. 그럼 혈액순환이 안 돼서 피곤하니까 수업 시간에 자는 악순환이 돼요.

학부모 총회 때 오시면 자녀를 명문대학교에 보내고 싶은 학부모님께 드리는 조언은 이 세 가지예요. 책 읽고, 책상에

앉아 있는 연습을 어렸을 때부터 하고, 잘 먹고 잘 자라는 거
죠. 사실 고3 수험생을 둔 어머니께는 영양제나 보약도 권해
요. 고3은 아무래도 운동할 수 있는 시간이 없거든요.

학교 축제

선생님의 자녀들에게 어떻게 조언하시나요

편 선생님의 자녀들에게 학업에 대해 어떻게 조언하시나요?

김 어려서는 엄청나게 놀았어요. 첫째 아이가 6살 때, 피아노를 배우고 싶다고 말하더라고요. 많은 친구가 피아노를 배우고 있었나 봐요. 그런데 제가 생각하기에 피아노를 배우려면 건반을 누를 손가락 힘이 필요할 테고, 악보를 보기 위해 한글이나 기본 알파벳을 알아야 할 것 같은데, 그 당시 우리 아이는 아직 여러 부분에서 준비가 부족하다고 생각했죠. 그래서 7살이 되면 피아노를 배울 수 있게 해주겠다고 했더니, 밥도 잘 먹고 한글 공부도 열심히 하더라고요. 그래서 7살이 되어 마침 기회도 생겨서 피아노를 배우게 하였답니다. 그랬더니 피아노를 너무도 좋아하고 집에서도 많이 연습하더라고요.

저는 아이 스스로 하고 싶다는 마음이 생기길 바라요. 어른이든 아이든 문제는 자기가 뭘 좋아하는지 모르는 거에 있다고 생각해요. 모르면 어때요, 천천히 찾으면 되지. 그런데 조급하게 재능이 무엇인지 어떤 직업을 가져야 하는지 정하길 요구받으니까 내가 어떤 사람인지 다른 사람에게 물어요. 자기가 뭘 좋아하는지도 모르는데 남이 어떻게 알아요. 천천히

좋으니까 자신이 좋아하는 것, 싫어하는 것을 스스로 생각하고 느끼는 아이가 되었으면 좋겠어요.

그리고 본격적으로 공부를 시작하게 되는 중학생이 되어서는 항상 하는 말이 '즐겁게, 개념 익히기'입니다. 주변 친구들과 고입이나 대입에 관해 이야기를 자주 나누는 것 같더라고요. 제가 공부해라, 성적 좋아야 한다는 말을 따로 하지 않더라도 이미 충분히 밖에서 스트레스를 받는 듯 보여요.

중학생 때는 학교가 즐겁고 수업 시간에 배우는 것들이 재미있다고 느꼈으면 좋겠어요. 웃자라는 성적이 아니라 개념 익히기에 시간과 노력을 들였으면 합니다.

그리고 점차 자기 스스로 학습 계획을 세우고 공부하는 습관을 길러주고자 합니다.

학교를 그만두고 싶은 학생들도 있어요

편 학교를 그만두고 싶은 학생들도 있어요. 아파서 그럴 수도 있고, 게임 중독 문제도 심각해요. 부모님, 학생, 선생님까지 모두 괴로워하는 모습이었죠. 조언을 부탁드려요.

김 대안 교육과 연결이 잘 되면 좋겠어요. 대안 학교, 또는 치료 센터 등과 연결을 맺으며 '우리 사회가 너를 안고 있어. 너도 우리 사회의 소중한 구성원이야. 학교만 안 다닐 뿐이야. 학교를 다니고 안 다니고는 개인의 선택이란다. 그러니까 너도 우리에게 소중해.'라고 느끼게 하는 게 중요합니다. 아무것도 포기하지 마세요. 그리고 학교만 정규교육 기관은 아니에요. 위클래스에 가서 상담하시면 자료를 주실 텐데 대안 교육도 파견 나가는 형식으로 인정이 돼요. 대안 학교에 가도 좋다고 생각해요. 아무튼, 교육의 문을 닫지 말고 계속 노크하면 좋겠어요. 생각보다 길은 많아요. 학교를 그만두면 모든 인생이 끝나는 것처럼 생각하시는 분들도 있는데, 실제로는 길이 정말 많으니까 엄마들도 학생들 청소년기에 함께 공부하면 좋겠습니다.

공부가 정말 싫은 학생들에게 조언해 주세요

편 10대에는 자신과 이 세계에 대해 많은 생각을 하잖아요.
공부도 엄청 많이 해야 하는 시기이고요. 에너지가 막 넘치는
데 정말 많은 시간을 책상에 앉아서 보내야 하는 게 모순인 것
같아요. 이 부분에 대해서 조언을 부탁드려요.

김 교육받는 건 의무가 아니라 권리예요. 인생을 살아가는
데 필요한 소양을 배우는 건 내가 반드시 누려야 하는 권리예
요. 저절로 주어진 권리가 아니라 역사 속에서 많은 사람이 투
쟁해서 쟁취한 아주 특별하고 소중한 권리요. 유엔아동권리협
약 제28조 교육받을 권리에서 「아동은 교육을 받을 권리가 있
어서 모든 아동은 초등교육을 받을 수 있어야 하고, 원하는 경
우 능력에 따라 고등교육을 받을 수 있어야 하며, 모든 학교는
아동을 존중하는 방식으로 운영되어야 한다.」고 명시되어 있
어요. 그래서 난민 학생들도 교육을 받을 권리가 있어요. 저도
몽골 학생을 가르친 적이 있었어요. 부모님 두 분 다 불법 체
류자여서 걸리면 바로 추방이었죠. 그 학생의 생활기록부에는
부모님에 대한 정보가 하나도 적혀있지 않았어요. 그 친구도
주민등록번호가 없었고요. 그렇지만 정규 교육을 받았어요.

교과서도 무상으로 다 받고요. 교육받을 권리가 있으니까요.

내가 공부할 권리를 누리고 있다고 생각하는 게 아니라 대학에 가기 위해 또는 엄마의 꿈을 실현하기 위해 공부한다고 생각한다면 정말 슬픈 일이죠. 물론 저도 기성세대로서 학생들에게 미안한 게 많아요. 학생들을 위해 더 좋은 세상을 만들기 위해 무엇을 실천해야 할까 늘 고민하죠. 세상에 순응하며 학생들에게 기성 체제를 강요하는 꼰대가 될까 봐 늘 저 자신을 되돌아보죠.

학생 시절은 자기가 뭘 좋아하는지 찾아내는 탐색의 기간이에요. 인간의 수명이 120세까지 늘어 난대요. 내가 살아갈 120년 중에 국가에서 보장하는 정규교육 기간이 12년이잖아요. 그 기간은 내가 뭘 좋아하는지, 내가 살아갈 세상이 어떻게 생겼는지, 어떤 사람들이 살고 있는지 생각하고 상상하고 실험하는 소중한 학창 시절이에요. 이렇게 말하면 너무 이상적인 것 같지만, 이 책을 읽는 학생들은 사회의 좋은 부속품이 되기 위한 공부, 엄마의 꿈을 이루기 위한 공부를 하지 않았으면 좋겠어요. 자기 걸 찾아가는 공부를 해야 돼요. 공부는 권리입니다. 공부하는 여러분이 교육의 주체가 됐으면 좋겠어요.

사진으로
보는
교사

학교생활기록부 기재예시

학교생활세부사항기록부(학교생활기록부 II)
<학점제를 적용받는 학생>

<고등학교>

졸업 대장 번호					
학년 \ 구분	학과	반	번호	담임성명	
1		·			
2					
3					

```
사 진
3.5 cm × 4.5 cm
```

학년 \ 전공 · 과정	1학기	2학기	비고
1			
2			
3			

1. 인적 · 학적사항

학생정보	성명 : 성별 : 주민등록번호 : 주소 :
학적사항	년 월 일 ○○중학교 제3학년 졸업 년 월 일 □□ 고등학교 제1학년 입학
특기사항	

2. 출결상황

학년	수업일수	결석일수			지 각			조 퇴			결 과			특기사항
		질병	미인정	기타	질병	미인정	기타	질병	미인정	기타	질병	미인정	기타	
1														
2														
3														

3. 수상경력

학년 (학기)		수 상 명	등급(위)	수상연월일	수여기관	참가대상 (참가인원)
1	1					
	2					
2	1					
	2					
3	1					
	2					

4. 자격증 및 인증 취득상황

<자격증 및 인증 취득상황>

구 분	명칭 또는 종류	번호 또는 내용	취득연월일	발급기관
자 격 증				

<국가직무능력표준 이수상황>

학년	학기	세분류	능력단위 (능력단위코드)	이수시간	원점수	성취도	비고

5. 학교폭력 조치상황 관리

학년	조치결정 일자	조치사항
1		
2		
3		

학교생활기록부 기재예시

6. 창의적 체험활동상황

학년	창의적 체험활동상황		
	영역	시간	특기사항
1	자율활동		
	동아리활동		(자율동아리)
	진로활동		희망분야 ※ 상급학교 미제공
2	자율활동		
	동아리활동		(자율동아리)
	진로활동		희망분야 ※ 상급학교 미제공
3	자율활동		
	동아리활동		(자율동아리)
	진로활동		희망분야 ※ 상급학교 미제공

학년	봉 사 활 동 실 적				
	일자 또는 기간	장소 또는 주관기관명	활동내용	시간	누계시간
1					
2					
3					

7. 교과학습발달상황
[1학년]

학기	교과	과목	학점수	원점수/과목평균 (표준편차)	성취도 (수강자수)	석차등급	비 고
1							
2							
이수학점 합계							

과 목	세부능력 및 특기사항

<진로 선택 과목>

학기	교과	과목	학점수	원점수/과목평균	성취도 (수강자수)	성취도별 분포비율	비 고
1							
2							
이수학점 합계							

과 목	세부능력 및 특기사항

<체육 · 예술>

학기	교과	과목	학점수	성취도	비고
1					
2					
이수학점 합계					

과 목	세부능력 및 특기사항

학교생활기록부 기재예시

[2학년]

학기	교과	과목	학점수	원점수/과목평균 (표준편차)	성취도 (수강자수)	석차등급	비 고
1							
2							
이수학점 합계							

과 목	세부능력 및 특기사항

<진로 선택 과목>

학기	교과	과목	학점수	원점수/과목평균	성취도 (수강자수)	성취도별 분포비율	비 고
1							
2							
이수학점 합계							

과 목	세부능력 및 특기사항

<체육·예술>

학기	교과	과목	학점수	성취도	비고
1					
2					
이수학점 합계					

과 목	세부능력 및 특기사항

[3학년]

학기	교과	과목	학점수	원점수/과목평균 (표준편차)	성취도 (수강자수)	석차등급	비 고
1							
2							
이수학점 합계							

과 목	세부능력 및 특기사항

<진로 선택 과목>

학기	교과	과목	학점수	원점수/과목평균	성취도 (수강자수)	성취도별 분포비율	비 고
1							
2							
이수학점 합계							

과 목	세부능력 및 특기사항

<체육 · 예술>

학기	교과	과목	학점수	성취도	비고
1					
2					
이수학점 합계					

과 목	세부능력 및 특기사항

168
169

학교생활기록부 기재예시

8. 독서활동상황

학년	과목 또는 영역	독서 활동 상황
1		
2		
3		

9. 행동특성 및 종합의견

학년	행동특성 및 종합의견
1	
2	
3	

행정 업무

학습지

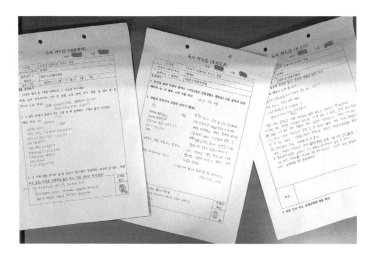

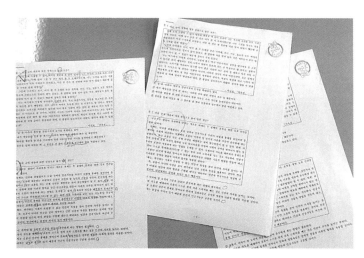

학교 모습

토론실

학급 생일 파티

Job

수업

학생들과

수학여행

Job
Propose 12

나도
중등교사

★ 교육철학자 탐구하기 ★

교육 철학자들 중에서 한 명을 정해 그들의 교육철학을 탐구하고 현재 교육의 장에서 어떻게 실천할 수 있는지 생각해 보는 활동을 해보자.

> 존 듀이, 루소, 몬테소리, 플라톤, 헤르바르트,
> 페스탈로찌, 프뢰벨, 마르틴 부버, 킬 패트릭, 피터스 등

철학자 이름 :

항목	조사 내용
생애	
교육사상 (업적)	

항목	조사 내용
에피소드	
교육을 바라보는 시선의 특징	
교육사상의 시사점	
우리 교육에 접목 시키기	
느낀점	

★ 멘토링 활동하기 ★

목적
1. 또래 간의 정서적 친밀감을 형성하여 건강한 공동체 문화 만들기
2. 배움이 느린 학생에게 학업에 대해 공부할 동기 만들기
3. 도우미 학생(멘토)과 배움이 학생(멘티) 모두의 학업 성취 향상
   하기

방법
1. 멘토 학생과 멘티 학생 간의 일대일 짝 맺기
2. 멘토 학생은 멘티 학생과 함께 공부하며 알려주기
   – 부족한 과목 도와주기, 어려운 숙제 함께 하기, 학습 계획을
   세우고 실천하도록 도와주기 등
3. 활동 후 공부한 내용을 정리한 수업일지 작성하기

수업일지

공부한 날짜	월 일	멘티 이름 :	멘토 이름 :
공부한 과목			
공부한 내용 정리			
멘티 소감			
멘토 소감			

★ 학급운영 계획 세우기 ★

학급의 자율시간을 활용하여 학급의 연간 운영 계획을 세워서 실천해 봅시다.

1. 급훈 :

2. 학급 규칙 세우기

❶ ....

❷ ....

❸ ....

❹ ....

3. 6개 부서로 학생회 구성하고 역할 부여하기
예) 환경부, 오락부, 알림부 등

부서명	역할	학생이름	부서명	역할	학생이름

4. 연간 행사 계획하고 실천하기

(학습, 상담, 체험, 청결, 협동, 배려 등을 고려 합니다)

월	학교 주요행사	학급 주요행사	준비 사항	진행 담당자
3월				
4월				
5월				
6월				
7,8월				
9월				
10월				
11월				
12월				
1,2월				

★ 교수학습 방법 연구하기 ★

다양한 수업 방법을 조사하고, 그중 한 가지 방법을 정해 친구들에게 수업을 하는 활동을 해보자.

1. 교수학습 방법 3가지 조사하기

교수학습 방법	교수학습 방법 설명	장점	단점 (보완점)

2. 위 3가지 중 하나를 선택하여 수업에 적용시키기

교수학습 방법	
과목	
단원	
수업 구성 조직하기	
평가 (느낀점)	

★ 미래교육에 대해 토론하기 ★

미래의 사회는 어떻게 변화하고, 교육에 필요한 것이 무엇일지 토론
하고 정리해 보자.

1. 미래는 무엇이 어떻게 변화할까?

사회	환경(도구)

가치관	인재상

2. 미래교육의 교사에게 필요한 것은 무엇일까?

★ 수업 교재 만들기 ★

사전 조사

1. 대상학년 :

2. 교재 과목 :

3. 단원

   대단원 –

   소단원 –

4. 학생 수준 :

5. 사진, 도표 등 시각 자료

4쪽짜리 수업 교재 만들기

- 사전 조사한 것을 바탕으로 교재를 만들어 봅시다.
- 〈흥미유발(들어가기) – 내용 설명 – 학습 활동 – 정리 – 평가〉의 구성으로 합니다.
- 시각 자료를 적절히 배치합니다.

교재 만들기

단원명 :

학습목표 :

들어가기 :

〈내용〉   참고자료

〈학습 활동〉

1.
....
....

2.
....
....

3.
....
....

〈평가〉

1.
....
....

2.
....
....

교사
김선미
스토리

S T O R Y

192

편 어렸을 때 꿈은 뭐였나요?

김 아주 어렸을 때는 셜록 홈스를 너무 좋아해서 탐정이 되고 싶었어요. 셜록 홈스 시리즈 소설을 거의 외우다시피 했어요. 그러다 보니 자연스럽게 중학생 시절에는 공상하고 무언가를 창작하는 게 좋아서 소설가가 되고 싶었고요. 교사가 되겠다고 정한 건 고3 때였어요. 저는 고등학교 생활이 정말 즐거웠어요. 특히나 국어 선생님들을 통해 좋은 영향을 많이 받았습니다.

편 성적이 좋은 학생이었죠?

김 성적은 좋은 편이었어요. 공부에서 재미를 느꼈던 순간순간이 기억나요. 수학 문제를 풀면서 짜릿함을 느껴졌죠. 모르는 게 있으면 선생님께 꼭 질문 했어요. 공부에 대한 욕심도 있었고요.

중학교 3학년 때 과학이 너무 어려운 거예요. 실제로 과학 성적이 제일 안 좋았어요. 그 당시 과학 수업을 들으면 이런 느낌이었어요. 세상을 바라보는데 뿌옇게 안개가 낀 것 같은 느낌이요. 분명히 저기에 63빌딩이 있다고 하는데 내 눈에는 잘 안 보이죠. 53빌딩인 것 같기도 하고 아파트 같기도 하고 전봇대 같기도 한 그런 뿌연 상태. 그래서 저는 쉬는 시간마다 교과서와 문제집을 들고 과학 선생님을 찾아갔어요. 나중에는 과학 선생님께서 "선미야, 나 커피 마실 시간은 줄래?" 하실 정도였죠. 하나씩 궁금증이 풀리면서 과학이 좋아졌어요. 나중에 제가 교사가 돼서 소풍을 갔을 때 어린이대공원에서 그때의 과학 선생님과 마주쳤어요. 선생님도 저도 반 학생들을 인솔하는 상황이었죠. 너무 반가웠어요.

편 기억에 남는 선생님이 계세요?

김 방금 말씀드린 중3 때 과학 선생님이요. 제 질문을 다 받아주셨어요. 교사가 되고 보니 쉬는 시간은 선생님에게도 필요한 휴식 시간이거든요. 물론 학생이 한두 번 질문하면 예쁘게 보이지만 그게 매시간, 매일 되면 좀 그럴 것 같아요. 그런데 제 질문을 오랫동안 다 받아주셨던 그 선생님이 기억에 많이 남아요. 고3 때 담임 선생님도 좋아했어요. 지금도 친구처럼 대해 주세요. 교직을 선택하게 된 가장 결정적인 영향을 주신 분이 고3 담임 선생님이시죠. 교사가 돼서 찾아 뵀을 때는 제자가 아닌 동료처럼 대해주셨어요. 아직도 잊지 않고 마음에 소중히 간직한 선생님입니다.

편 대학 생활은 어떠셨어요?

김 3학년부터 임용시험을 준비했어요. 예비교사모임 활동을 했었는데, 그때 선후배 동기들과 많은 토론을 했어요. 제 가치 체계를 다시 세우는 시간이었죠. 그리고 국악 동아리 활동이에요. 해금을 연주했거든요. 대금 소리며, 아쟁, 거문고, 가야금, 향피리 등 국악기의 매력을 알게 되었어요. 학교 강당에서 일 년에 두 번 연주회도 올라가고요. 다만 아쉬운 건, 다른 동기들은 악기 몇 가지를 숙달하고 나오는데, 저는 임용시험 준비로 2학년 2학기부터는 활동이 원활하지 못하다가 3학년에 가서는 동아리 활동을 못 했어요. 대학 생활 모든 것이 교사 되는 것, 임용시험 보는 것에 초점이 맞추어져 있었던 것 같네요.

편 임용 시험 스토리 들려주세요.

김 1997년 11월에 IMF 외환위기가 왔어요. 그 전까지 4학년 2학기쯤 되면 취업해서 나가던 선배들이 갑자기 취업이 안 되니까 모두 도서관에 있었어요. 슬슬 임용시험 준비해야지 하던 2학년 2학기 때였는데, 갑자기 도서관이 선배들로 가득 차서 6시 10분에 가면 도서관 자리를 맡을 수가 없었어요. 도서관이 6시에 여는데 말이죠. 그래서 임용시험 준비도 엄청 간절

하고 불안한 마음으로 준비했던 것 같아요. 저는 6명이 함께 스터디를 했었는데, 5명이 합격하고, 한 명이 떨어졌어요. 그 한 명이 저예요. 졸업식 날 다른 친구들은 가족들의 축하와 환호를 받을 때, 저는 우리 부모님과 가족사진만 찍고 바로 나왔죠. 졸업식이고 뭐고 친구고 뭐고 다 싫었어요. 그냥 도망가고 싶었어요. 그래서 졸업식 날 친구와 찍은 사진이 없어요. 지금은 그게 후회로 남아요.

그래서 고3 학생들에게도 늘 말해요. "대학 못 들어가도 졸업식에 꼭 나와라. 친구들하고 사진도 다 찍어. 어차피 1년 뒤에는 다 대학에 갈 거야."라고 말하죠. 학생들이 대학에 합격을 못 하면 졸업식에 안 오려고 해요. 사실 그 마음은 제가 잘 알아요. 제가 임용 시험에 떨어져서 절망하고 있을 때, 친구들의 신규임용 연수며, 발령받은 학교 소식이 들렸죠. 시험에 한 번 떨어진 게 별거 아닌데, 합격한 친구들이 도서관에 찾아와서 밥 사준다고 하는 것도 기쁘지 않았어요.

시험은 일 년 뒤에 다시 보고 합격했습니다. 합격했을 땐 정말 좋았어요. 저는 바로 임명이 된 경우였는데, '교사가 꼭 되고 싶다.'라는 열망에 가득 차 있을 때여서 학교에 가는 것이 너무 좋았어요. 경비 아저씨가 학교 문 닫겠다고 할 때까지 수업 연구를 했죠.

편 대학원에 진학하셨던데요?

김 한국교원대학교는 국립대학인데, 일반 학생들뿐만 아니라 현직 교사들을 위한 교육대학원 교육이 잘 이루어지는 대학교 입니다. 특히 교육대학원이 아닌 일반 대학원 과정에 현직교 사를 파견하는 제도가 있어요. 보통 교육대학원은 야간이나 방학을 이용해 운영되고, 일반 대학원은 학기 중 낮에 수업에 이루어지며 박사과정까지 연계되는 점이 달라요. 그래서 교 사로서 근무 학교에 출퇴근하는 것이 아니라 대학원 과정인 2 년간 소속을 한국교원대학교로 파견되어 공부하는 것만 할 수 있는 제도입니다.

편 전공은 뭐 하셨어요?

김 국어 교육학 중에서 독서교육이요. '독서 이력철'에 대한 논문을 썼어요. 독서 포트폴리오를 만드는 초창기였는데, 이 시기가 지나고 나서 독서 이력철이 생활기록부에 들어갔죠. 대학원에서 공부했던 계기로 교과서 작업도 선생님들과 함께 할 수 있었습니다.

저에게 대학원 시절은 많은 공부를 했던, 인생의 중요한 기점이 되었어요. 대학원생들끼리 독서 모임을 하다가 그것이 인연이 되어 현대철학을 공부하는 모임까지 연결되었어요. 그곳에서 들뢰즈, 스피노자, 푸코, 하이데거, 라캉 등을 알게 되었어요. 그것이 영향이 되어 영화 평론의 길에 관심도 가지게 되었지요. 영화평도 써보고 영화 시사회도 다니면서 지식과 관심의 분야가 넓어졌어요.

편 학생들에게 어떤 선배님이세요?

김 선생(先生)은 먼저 깨달아 학업을 전하는 사람이라고 하잖아요. 학생들과 많이 대화하려고 노력해요. 때로는 학생들에게 많은 것을 배우고 있다는 생각이 들 때도 있고요. 초임 교사 시절에는 제 나이가 어리니까 학부모 상담이 어려웠어요. 나이 들어 보이려고 일부러 화장도 진하게 하고, 꼬불꼬불한 파마도 했어요. 내가 능숙한 사람이라는 걸 보여주고 싶었겠죠. 그런데 지금 생각하면 부끄러워요. 학생들도 학부모도 모두 다 보였을 테니 말이에요. 그래서 지금은 꾸밈없이 솔직하게 대화하고자 합니다.

편 부부 교사이신데, 아이들이 뭐라고 하나요?

김 아이들은 별생각이 없는 듯해요. 그저 어린이집 선생님이 최고고, 초등학교 담임 선생님이 최고라고 하죠. 그냥 부모는 부모일 뿐인 것 같아요.

편 자녀에게 이 직업을 권하고 싶으세요?

김 좋은 직업 중의 하나라고 생각해요. 그런데 가끔 그런 생각을 해요. 저는 어렸을 때 선택권이 별로 없었어요. 세상에 이렇게 많은 직업이 있는 걸 몰랐죠. 일단 제 부모님의 직업이 전문직이 아니니까, 전문직의 세계는 아예 몰랐고. 학교에 가서 보는 어른이라는 존재는 선생님밖에 없는 거잖아요. 사회에 나와서 보니까 직업도 정말 많고. 우리가 최고라고 생각했던 직업이 생각보다 별거 아닌 것도 있고. 아이에게 뭘 하라고 말해주기에는 저도 모르는 게 많은 것 같아요. 대신 경험의 기회를 많이 주고 싶어요. 여행도 많이 다녀보고, 기회가 되면 1, 2년간 다른 곳에 살다 오라고 하고 싶어요. 나는 미처 못 본 걸 아이는 봤으면 좋겠다는 마음이 있죠.

편 10년, 20년 후에 선생님은 어떤 모습일까요?

김 저는 아마도 교단에 있겠죠. 제 꿈이 교사로 정년퇴직하는 거예요. 지금도 정년을 채워 퇴직하시는 선생님이 많지 않아요. 중간에 그만두시는 경우가 많죠. 60이 넘어서도 학생들과 웃고 배우고 토론하고 싶어요. 퇴임식을 할 때 제자들의 축하를 받고 싶어요. 너무 어려운 꿈일까요? 그래도 지금은 그 꿈을 꼭 간직하고 싶답니다.

편 독자들에게 마지막 한 마디를 부탁드려요.

김 교사를 꿈꾸었고, 그래서 교단에 선 저는 학생들과 수업하는 것이 참 좋아요. 그런데 결혼을 하고 아이를 낳고, 아이가 학교에 다니자 학생들에 대한 생각이 더욱 깊어지더라고요. 제 눈앞에 있는 학생이 너무도 소중한 한 아이라는 것, 내 아이에게 느끼는 소중함과 사랑스러움이 학생을 바라볼 때도 똑같이 느껴져요. 그러면 어김없이 엄마가 생각나요. 저를 지극히 사랑해주셨죠. 나의 등을 쓰다듬고 손을 잡아 주시던 엄마요. 우리는 그렇게 모두 소중한 존재입니다. 학생들, 젊은 후배들, 그리고 이 책을 읽고 계신 독자분들과 권리로서의 교육을 찾고 싶어요. 좋은 대학에 가기 위해서, 좋은 곳에 취업하기 위해서 하는 '나'라는 존재는 빠진 그런 교육이 아니라, 세상을 바로 보고 세상을 향해 이야기하고, 가치를 창조하는 배움을 찾고 싶어요.

편 선생님! 교사에 대한 정보뿐 아니라 함께 미래를 고민하고 어떻게 살아가야 할 지 고민한 행복한 시간이었어요. 교육은 의무가 아니라 소중한 권리라는 걸 잊지 말고 이 책을 읽는 학생들이 적극적으로 자신의 권리를 쟁취하고 마음껏 누리길 바랍니다. 여러분들의 행복과 성장 그리고 무한한 미래를 위해 저도 노력하겠습니다. 긴 시간 동안 감사합니다!

청소년들의 진로와 직업 탐색을 위한
잡프러포즈 시리즈 12

긍정적이라면
중등교사

2024년 9월 13일 | 개정판 1쇄

지은이 | 김선미
펴낸이 | 김민영
펴낸곳 | 토크쇼

편집인 | 김수진
디자인 | 김경희
마케팅 | 신성종
홍보 | 이예지

출판등록 2016년 7월 21일 제2019-000113호
주소 | 서울시 마포구 월드컵북로 98, 202호
전화 | 070-4200-0327
팩스 | 070-7966-9327
전자우편 | myys327@gmail.com
ISBN | 979-11-92842-83-7 (43190)
정가 | 15,000원